日據時期的香港簡史

小椋廣勝 著

林超純 譯

商務印書館

日據時期的香港簡史

作　　者：小椋廣勝

譯　　者：林超純

責任編輯：黃振威　張宇程

封面設計：趙穎珊

出　　版：商務印書館（香港）有限公司

　　　　　香港筲箕灣耀興道 3 號東匯廣場 8 樓

　　　　　http://www.commercialpress.com.hk

發　　行：香港聯合書刊物流有限公司

　　　　　香港新界大埔汀麗路 36 號中華商務印刷大廈 3 字樓

印　　刷：美雅印刷製本有限公司

　　　　　九龍觀塘榮業街 6 號海濱工業大廈 4 樓 A

版　　次：2020 年 5 月第 1 版第 1 次印刷

　　　　　© 2020 商務印書館（香港）有限公司

　　　　　ISBN 978 962 07 6633 6

　　　　　Printed in Hong Kong

目錄

出版説明　　　　　　　　　　　　　　　　　　　iii

導言　戰前香港史研究的奇葩：
　　　　小椋廣勝《香港》的史學價值
　　　　吳偉明教授　　　　　　　　　　　　　　iv

序　　　　　　　　　　　　　　　　　　　　　　ix

一　**香港的經濟地理**　　　　　　　　　　　　　1

二　**香港的歷史**　　　　　　　　　　　　　　17

　　初期的英中貿易　　　　　　　　　　　　　18

　　鴉片戰爭　　　　　　　　　　　　　　　　24

　　香港的建設和第二次鴉片戰爭　　　　　　41

　　香港的經濟發展　　　　　　　　　　　　　57

　　　一、英中關係　　　　　　　　　　　　　57

　　　二、香港之富的成立　　　　　　　　　　60

　　　三、香港經濟的確立　　　　　　　　　　66

　　　四、香港貿易的動向　　　　　　　　　　71

香港的衰退 76

　一、英中關係 76

　二、香港的危機 81

三　**香港的經濟機構** 87

香港的貿易 88

　一、作為貿易轉運港的香港 88

　二、香港貿易的動向 101

　三、香港的走私 126

　四、我國和香港的貿易 129

香港的金融 137

　一、香港的貨幣 137

　二、香港的金融地位 142

在香港的投資 149

　一、英國的投資 149

　二、華人資本 163

　三、日本公司 174

四　**東亞現今之形勢與香港** 177

滿洲事變到盧溝橋事件 178

中國事變與香港 186

戰時體制下的香港 195

出 版 說 明

　　本書成書於大戰時期，以內容豐瞻和分析詳盡見長，惟因寫作時間緊迫或參考資料匱乏等原因，史實容有疵誤，這一方面還請讀者注意。本書原名《香港》，現易名為《日據時期的香港簡史》。

　　過去本書一直只有日文版本流傳於世，華文世界對其所知無多。現特翻譯和整理出版，以備檢閱。除改正當中錯字，糾正若干較顯著的史實錯誤和統一體例之外，其他一仍其舊，以保留全書歷史原貌。

導言

戰前香港史研究的奇葩：
小椋廣勝《香港》的史學價值

昔日我在東京大學法學部留學時，幾乎每天都在法學部圖書館流連，從中發現了一堆在二次大戰前由日本人撰寫介紹香港的書籍。除概論性的入門書外，還有很多資料詳實的報告書，例如香港礦業、水道、植物的資料集。我不禁驚訝日本人對戰前香港調查是如此的認真及全面。可惜當時我正忙於撰寫有關德川易學的博士論文，所以無暇研究這些戰前香港的日文資料。

也許您不會相信，戰前研究香港最深入的不是華人或西洋人，而是日本人。當英國出版商查德維克‧希利（Chadwyck-Healey）在1995年編輯 *The Nineteenth Century Index*（《十九世紀書目》）時，只能找到寥寥數本有關戰前香港的書；又當香港學者李培德在《香港史研究書目題解》（2001年）中以1950年代為香港史研究的形成期，

感嘆戰前缺乏這方面的著作——其實我們一直忽略了日本人的貢獻。

以我所見，香港史研究書籍最早在甲午戰爭期間出現，它們是香港商人陳鏸勳（?-1906）的《香港雜記》（1894 年）及居港德人歐內斯特‧歐德理（Ernest John Eitel, 1838-1908）的 *Europe in China: The History of Hong Kong from the Beginning to the Year 1882*（1895）。前者主要介紹 19 世紀末的香港現狀，後者則是首部香港通史。戰前以中、英文撰寫的香港研究著作還有李史翼、陳湜合編的《香港——東方的馬爾太》（1930 年）及溫妮弗蕾德‧活特（Winifred A. Wood）的 *A Brief History of Hong Kong*（1940）。

跟西洋人、中國人的零星著作不同，日本人在戰前研究香港獲日本官方及大企業的支持，因此較具規模。最初的日文著作是由日本外務省通商局編的《香港事情》（1917 年）及前田寶治郎的《香港概觀》（1919 年），兩者主要功用是幫助日商了解香港經商環境。

1930 年代以降，中日兵戈相見，日本人基於情報、經貿及軍政上的需要，更為認真地搜集香港的資料。這方面的著作有丸山政男大佐編的《為攻略英領香港之兵要地誌並作戰資料》(1934 年)、三井物業香港支店編的《香港概觀》(1939 年)、朝日新聞社東亞問題調查會編的《香港と海南島》(1939 年)、矢野仁一的《アヘン戦争と香港》(1939 年)、香港日本商工會議所編的《香港年鑑》(1941 年) 及小椋廣勝的《香港》(1942 年)。《香港》可謂是眾多戰前研究香港的日文書籍中最優秀及影響最持久的著作。

小椋廣勝 (1902-1968) 是國際經貿史學者，1926 年畢業於東京商科大學 (一橋大學前身)。跟中國學大師內藤湖南 (1866-1934) 相似，小椋早年亦曾當過記者。

他在戰前是朝日新聞社香港特派員，從事香港史的研究。《香港》是其處女作，於 1942 年由東京岩波書房以文庫本 (赤版岩波新

書）出版，成為戰前日本人研究香港的代表作。他在香港日治時期的前半仍留港，曾出資修建女作家蕭紅（1911-1942）在淺水灣的墓，被香港文學研究者小思（盧瑋鑾）稱作「仗義的日本人」。戰後小椋一直於京都立命館大學任教，曾出任經濟學部部長及經營學部教授。

　　小椋的背景直接影響《香港》的獨特性格。第一，它是學術著作，不同於一般調查報告書、資料集及概論入門書。《香港》是首部戰前香港經貿史，有助一般日本讀者認識香港在亞洲的經貿角色。其內容中肯平實，日本軍國主義色彩極之稀薄（除了有使用「ABCD集團」、「大東亞共榮圈」、「東亞新秩序」等當時日本流行的詞彙外），感覺不是為統治香港而做的情報調查，而是出自他個人對亞洲經貿史的學術興趣。小椋有系統地整理從鴉片戰爭至香港淪陷之間一百年（1840-1940）的香港經貿史，使用的資料包括香港政府發佈的官方數據及英日中三語的書籍、報章及文章，甚至運用西方學刊的學術論文。引用數字及文字時均表明來源及附加註釋。

　　第二，它不是資料集，而是帶有作者精闢分析的歷史書。在大量資料背後留下作者的評述。閱讀此書一開始便可知作者非泛泛之輩，它從國際關係的視角分析香港在珠江三角洲、遠東及南洋三大經貿圈的獨特地理優勢及角色。作者對英治香港的觀察十分敏銳，例如指出實施一地兩制、港人身份認同混亂、被列國視作角力場，及在危機、變化中不斷尋找新的機遇及角色。以上的香港性格，即使在戰後至今仍以不同方式延續着，不能不佩服小椋驚人的洞悉力！

　　近年戰前香港史的著作湧現，但是學界普遍有一個盲點，就是甚少參考戰前日人的相關著作。2020 年香港商務印書館決定出版《香港》的中文版，有助不諳日語的讀者瞭解昔日的香港，實在極具意義。

吳偉明

香港中文大學日本研究學系教授

序

　　1941 年（昭和十六年）12 月 8 日大東亞戰爭爆發。陸軍部隊在
8 日天色未明時開始攻擊香港，海軍部隊封鎖壓制香港殖民地所有沿
岸。我軍開戰第五天即已突破九龍半島，在 12 日早上又完全攻佔九
龍街市一帶；13 日、17 日兩次敦促香港總督投降而被拒後，18 日
半夜斷然登陸香港島，攻擊其要塞之中心。[1] 1 月 25 日下午 5 時 50 分
香港總督提出投降照會，當日 7 時 30 分停戰、解除敵人武裝，並
於 26 日下午 6 時完全佔領香港島。至於佔領後香港之管理，則是在
1 月 19 日設置香港佔領地總督部。磯谷廉介中將擔任香港佔領地總
督。於是，香港在 1941 年從百年來英帝國東亞侵略據點之地位，搖
身一變而為大東亞共榮圈的一環，由此獲得新生。

　　作者小椋廣勝君在 1938 年（昭和十三年）5 月被委任於同盟通
信社香港分局工作，除 1940 年（昭和十五年）11 月至 1941 年 6 月短

1　　編者按，原文作 1 月，有誤。應為 12 月。

暫赴馬尼拉之外，一直參與在香港的報道通訊。他於大東亞戰爭爆發前兩天的 12 月 6 日離開香港進入廣東，以從軍記者身份參加香港攻略戰，確是描述香港最合適的人選。

　　本書寫於大東亞戰爭即將爆發之際。然而對於當時面臨的問題，即大東亞共榮圈建設計劃中的香港未來，在第一章「香港的經濟地理」中所寫香港的地理條件中，已充分展示其洞見。全書對於香港的地位和情況闡釋得淋漓盡致，這點與岩波新書《蘇彝士運河》（福岡誠一氏譯）中的處理相似。然而，以往缺乏其他關於香港的國語[2]著作，因此本書在香港復興與建設階段所作出的貢獻是毋庸置疑的。

松本重治

1942 年（昭和十七年）2 月

2　編者按，日語。

一

香港的經濟地理

　　在中國大陸最南方的大河 —— 珠江的河口之東、九龍半島入海之處，有如彩帶一般狹長的海峽，距離海峽不遠處有一小島崛起。這個小島正是過去百年大英帝國遠東經略之中心地 —— 香港。從日本前往的話，則過了上海後約兩天，穿過紅褐色岩石的島嶼之間靠近九龍半島，過了狹窄的鯉魚門海峽即可進入香港的港灣。現在被稱作「香港」的地方包含香港和對岸九龍半島在內。在此稍作解釋一下：香港是一個面積 32 平方哩、東西 11 哩、南北 2 哩到 5 哩的小島。這個島的景觀特徵主要是東西連起來 1,000 呎以上的山脈。最高的太平山海拔 1,823 呎，北邊是香港的心臟部分維多利亞的街市。對岸九龍半島和香港島之間的最短距離是三分之一哩，東邊是鯉魚門海峽，西邊是青洲（Green Island）及昂船洲（Stone Cutter Island），這兩個小島形成內海的自然界限。這個水域具備作為港灣的最好自然條件，英國百年的經營使其成為華南絕佳良港。眾所周知，香港島依據 1841 年鴉片戰爭後的《南京條約》歸英國所有；亞羅號事件之後，1860 年的《北京條約》又將對岸九龍半島南端約 4 平方哩的土地劃歸英國所有。其後，1898 年英國以領土防衛必要之名，取得深圳河以南的九龍半島之地及大鵬灣（Mirs Bay）、深圳灣（又稱后海灣，Deep Bay）的 40 餘個島嶼及海面的租借權 99 年。這個租借地面積 376 平方哩，稱為新界（New Territories）。

九龍半島及附近島嶼屬東西山脈的走向，山間有一些平地，足以成為農業之基礎。未有發現礦業、林產；漁業是香港島本來已有的產業，然而其魚穫卻不能滿足香港人口的需要。百餘萬人口的生計以貿易為中心，其他則是商業、金融、交通業、工業。

香港的華人大部分沒有戶籍，因此不能進行完全的人口統計。香港政府以過去兩次人口普查為基礎，採用外插法推算 1938 年中的人口總數大概是 1,208,619 人。然而，自 1937 年中國事變[1]以來，大量難民湧入香港，1937 年是 100,000 人，1938 年則是 500,000 人。香港防空當局 1941 年 3 月 13 日、14 日兩天進行總動員，其人口普查的結果即是我們最近所掌握的數據。若根據這個數字，人口總數是 1,594,307 人，其中 1,420,000 是華人，英國人不過 7,982 人。我國邦人[2]在事變前大概只有 1,598 人，1937 年末是 538 人，1941 年漸增至 593 人。其具體數字如下：[3]

1　譯者按，七‧七事變。
2　編者按，日本人。
3　《香港日本商工會議所月報》，第 3 卷第 4 號，1941 年 4 月 30 日。中國人的人口合計中包括水上生活者 154,000 人。

表 1-1　居住地區分統計

香港	709,264
九龍	581,043
新界	120,000（或 150,000）
海上（蜑民）	154,000
合計	1,564,307（或 1,594,307）

表 1-2　國籍統計

	香港	九龍	合計
日本人	473	120	593
英國人	5,542	2,440	7,982
美國人	139	257	396
印度人	3,342	4,037	7,379
葡萄牙人	765	2,157	2,922
歐洲籍人	633	2,272	2,905
其他	696	605	1,301
華人	697,647	568,955	1,420,602

　　珠江河口自古以來是中國對外貿易的唯一門戶。乘着西南季候風來到珠江河口的西洋商人船員，早在 17 世紀末便已知道香港島的存在。

最初這個小島是漁夫居住的不毛之地，僅僅是食水補給地和走私貿易匯合點。進入 19 世紀初，人們開始注意到香港島和九龍半島之間 —— 東邊是鯉魚門海峽、西邊是硫磺峽和急水門之間這個內海，是南中國海岸中一個無比的良港。極具慧眼的英帝國代表們，開始着眼於佔領和利用這個港口。

英國首任中國商務總監律勞卑勛爵 (Lord Napier) 於 1834 年 8 月 21 日在廣東給英國外交大臣格雷伯爵 (Earl Grey) 寫信，有如下進言：

> 若以很少的武力來佔領香港島應該十分容易。這個島是珠江的東門户，用作甚麼目的都再適合不過了。

律勞卑勛爵所言在七年後即實現。1841 年香港島上飄揚着英國國旗。自此百年，香港即成為英帝國遠東政權的根據地而發揮其各種功能。接下來若想探討作為英帝國在中國經略之據點的香港之歷史和現在的功能，首先需要分析其經濟地理關係，以作討論的基礎。

正如前述，香港的土地面積細小，其自身資源亦貧乏。然而，

為何香港今日具有如此大的經濟意義？若用經濟地理來説明，這應歸功於香港腹地的規模及其資源。然則，香港的腹地又在哪裏？

　　首先讓我們在地圖上為香港所在定位。北緯 22 度 7 分至 22 度 9 分，即北回歸線往南 1 度多，東經 114 度 8 分至 18 分，便是香港島的位置。香港島的西北方大約 90 哩是廣東、西方 40 哩是澳門兩個都市。以廣東為頂點，以香港、澳門為底邊兩端的三角形即是珠三角的中心，也可以説是香港直接的經濟腹地。

　　再者，以香港、上海、重慶、仰光四個城市為頂點，亦可描繪出一個四邊形。這是比珠江下游三角洲更大的圖形。這個圖形以香港、上海、仰光作為基底，是英國的勢力範圍，而重慶則是英勢力想要觸及的目標。

　　最後我們來描繪第三個圖形。將指南針立於南中國海的中心，其指針另一頭則指向香港，這樣可以畫出一個半徑約 1,000 哩的圓圈。這個圈內即是所謂的南洋諸國。法屬印支、泰國、馬來半島、東印度諸島、菲律賓都包含在內。北回歸線以南的香港既是中國的一部分，同時在地理上亦是南洋的一部分，與這些國家關係十分密切。

　　廣東、香港、澳門所形成的三角地帶周邊是珠江下游最富饒的地方，如前述正是香港的直接經濟腹地。香港的大部分食物及勞動力都來自這個地方。從歷史上而言，廣東是中國自古以來的貿易港口，澳門是最古老的外國人居留地，比起香港，這兩者從很久以前便是中國國際交通的中心地。然而，在 19 世紀中葉開始，香港就奪去了這兩者的繁榮，使兩者成為了經濟腹地。到訪過這三個港口的人都會認同，廣東、澳門因其河川港口的性質，僅限於是河川流域物產的集散地，因此比較起來，或多或少會受到局限；香港作為國際貿易的轉口港則不受經濟腹地的拘束。因此，香港的勢力範圍不僅限於珠江三角洲和華南沿岸。香港毋寧說是這個地域一個交通便利的立腳處，更是結合上海、四川、緬甸這個英國勢力範圍內物資及資金的交通起點。不得不承認至少在這一點上，現在的香港擁有與廣東、澳門規模不同的力量。

　　不過，珠江三角洲作為香港直接的經濟腹地，當然也很值得重視。珠江三角洲不僅因為自身的資源產業而變得重要，更因為通過這裏就可以與珠江諸支流、東江、西江、北江流域進行物資交流。東江可通廣東省東部、福建及江西省境內，西江可達廣西省，北江則可通廣東省北部，即現在蔣政府一方的省政府所在地韶關。通

過珠江三角洲流域，香港就可以連接整個所謂中國南方了。再者，1935 年完成的粵漢線，從香港到廣東、經韶關進入湖南一直到湖北的漢口，形成了從中國南方到揚子江沿岸的陸路網絡。而廣東省沿岸的海港如汕頭、北海、雷州等都較淺水，不適合遠洋航路船隻停泊，對外貿易多數還是依靠香港中轉。

珠江三角洲是中國工業地帶之一，尤以纖維工業較重要。製絲工廠在事變之前已有逾 150 家。另外，以廣東為中心的手工製造業、手工作坊工業亦十分發達，其製品部分銷往中國內地，一部分如絹織品、刺繡、陶瓷器、漆器、翡翠及象牙工藝品、火柴、爆竹等，則出口國外。在事變之前廣東便有省政府經營的近代大工廠。

農業以稻米為主，一年兩次收成，但是糧食卻無法滿足全省的需求而必須從法屬印支輸入。珠江三角洲最肥沃的土地上則種植了蔬菜、果樹及可用作工業原料的農作物，以及養蠶。

珠江三角洲及海岸線上，除了極少數的平原之外，南中國一帶則是山川丘陵特性，出礦產。鐵和煤炭產量雖然不多，但有色金屬如銻礦、鎢礦、錫、錳的出產最為顯著。銻以湖南為主要產地，年

產額佔全世界 50%；鎢以廣東、廣西為主，亦佔到世界總產額 40% 以上。

以上是香港的直接經濟腹地區域之產業。中國事變以來，這些地區和香港的聯繫在政權更迭之下還在重新修復。因 1938 年 11 月廣東為我軍佔領之後，我們入侵九龍邊界，在中山縣作戰切斷了廣九、粵漢線，香港與西江的通道因此斷絕了。加上汕頭、北海諸港已為我軍所佔有和封鎖，想通過這些地方作為門戶通往蔣政府管治下的區域實際上已經不可能。現在所謂「港韶通道」，即從香港經大鵬灣岸的沙魚涌出，再從惠陽沿東江到粵東各地並作為北江流域之間聯絡的通道雖然已經開通了，但這也不過是一條小路而已。不得不說，香港與其經濟腹地之間的聯繫實際上已經被截斷。然而，儘管如此，香港的貿易在之後一年餘裏並沒有明顯減少。這是因為香港與其經濟腹地珠江三角洲和南中國之間的交通並非香港的命脈，反而其存在的理由在於和中國廣大地域之間的連接，因此也意味着香港作為區域中轉的功能並沒有停止。

因此，在考慮香港的形勢時，不得不注意到這個廣闊的地域。這是我們要描繪的第二個四邊形。

在我們的圖形中，珠江三角形的一條邊不過 40 至 90 哩，而四川、緬甸所橫跨的這個四邊形的各直線距離，香港、上海之間大概是 820 哩；上海、重慶之間 880 哩；重慶、仰光之間 930 哩，而仰光、香港之間則是 1,200 哩。

1841 年的《南京條約》規定割讓香港，開放五個港口，上海即是其一。自那以後 50 年，上海作為中國第一港口，其貿易額遠超香港。且英國領先於其他列國，率先在上海建設，在治外法權的基礎上建立租界制度。在這個制度下，外國資本不受中國法律約束，沒有向中國政府交納租稅的義務而可以從事經濟活動。並且，與治外法權結合後，一併獲得沿岸及內河航行權、駐兵權、派遣艦隊的權利、傳教士的特權等。這一連串的既得權力體系，是列強們，尤其是先行者英國資本入侵中國後築起的城牆。英國資本主義沿着這個可稱為中國心臟部位的長江沿岸一步步建立這道城牆。鎮江、南京、蕪湖、九江、漢口、宜昌、重慶，隨着滔滔的長江流水，綿延 1,200 餘哩，從河口到四川沿路，在各個重要地點都能看到英國企業、領事館和英國海關官員。英國資本因此可在不平等條約保護下，為所欲為地追求利潤。

與沿着長江上行的英勢力相似，我們面向印度洋，以仰光為出發點，也可以説是抄近道一步步向前將英國勢力趕出長江。英國在 1886 年正式吞併緬甸，與雲南接壤。在此之前，仰光的工商會議所於 1876 年建議興築連接印度洋與揚子江的通道，即從仰光出發，通過雲南到達四川的鐵路。這個計劃在 1902 年建成了從仰光到臘戍（Lashio）以及密支那（Myitkyina）的緬甸鐵路，向雲南延長的部分工程則被長久擱置。然而，事變下的情況變化眾所周知，長江被封鎖後，英國與蔣政府合作，克服自然地形的不利條件而完成了緬甸通道的公路建設。

這條緬甸通道從臘戍至昆明約 600 哩，從昆明經貴陽到重慶大概 700 餘哩。這條道路的經濟輸送價值目前尚未充分發揮，但它是英勢力現在與中國連接的唯一通道。為得到美國的援助，英國在改善這條路上也作了相當犧牲，蔣政權也將緬甸通道作為英美援助的唯一路徑，拚命努力地利用它。對香港來説，與緬甸通道之間的聯繫是其目前唯一的生路，而緬甸通道的消長對於英國在華勢力來説可謂生命線。因此從香港的立場來説，此通道具決定性作用。

再説，在這個地域裏的粵漢線和雲南鐵路，兩者作為交通道路

的重要性雖已成為過去，但對兩者的考察也不可忽略。如前述，粵漢
線（含廣九線）從香港經過廣東至漢口約 490 哩，在事變後的 1938 年
11 月廣東淪陷之前，充分發揮其作為英國援蔣通道的價值，使香港
的一時繁榮成為可能。雲南鐵路是我們所畫四邊形中連接香港和仰
光之間的邊線，可至雲南昆明。雲南鐵路以及與這條線同樣經廣西
至雲南的公路，在廣東淪陷後的 1940 年 7 月之前，發揮了作為連接
重慶、香港的幹道功能。然而，1940 年 9 月日法協定使這條道路與
重慶之間的聯繫也中斷，現在只剩下緬甸通道。

以上各個地域的資源從香港的立場來看，比較重要的是四川、
雲南、貴州這西南三省。四川盆地的農業開發較早，而雲、貴兩省
則不同。此兩省土地因其山地性質，開發相對滯後。總體來說，
三省的農作物以稻米為主，商業作物則是桐、茶葉的種植，兼之養
蠶、養豬。桐油、茶葉、生絲、豬鬃是重慶獲得外匯的手段，因此
受到鼓勵。其出口港即是香港。工業方面，在事變之前基本沒有，
蔣政權轉移至重慶之後才進行所謂西南建設。即振興基礎建設，以
政府經營的軍需相關工廠為中心，進行小規模工業的組織化建設。
礦業中以雲南的錫最為重要。其主要產地是箇舊，年產可達 8,000 至
9,000 噸。這些產物亦通過香港出口。

從上海和香港的位置來看，可以說上海是前線司令部，香港則是後方基地。英國資本在這個地域的物資出入、資金流動、與宗主國的聯繫等，其中介地就在香港。事變前上海作為中國的經濟中心，遠較香港重要。但是在上海的英國公司、銀行仍以香港為根據地，因為香港是英國與中國之間的紐帶。事變之後上海的重要性下降，與之相反，香港卻變得更重要，同時承擔了作為前線的功能。然而，至 1938 年末廣東淪陷以後，香港的功能隨之一再降低。1940 年我國進駐法印之後，其重要性更明顯下降。仰光反而在時局中越發突出。即便如此，在遠東的各港口中，以對中國金融、貿易及其他事情處理的便利度來說，尚未有能夠取代香港的港口。譬如仰光，在現階段要全面取代香港也不可能。或者說，仰光與香港之間在援蔣活動中不僅只是分工合作，應該維持相互支持的合作狀態。

現在轉移看看第三個地域 —— 南洋。在這個半徑 1,000 哩的圓圈之中，除了泰國之外，都是歐美諸國的殖民地，是列強盡力確保的熱帶資源產地。首先是被稱為熱帶穀倉的法印。米、木材、石炭即是其代表性重要產物。其次是這個地域中唯一的獨立國 —— 泰國，同樣出產米和木材。出產橡膠與錫的馬來半島是英國屬地。荷屬東印度的主要產物是石油、橡膠、砂糖。最後菲律賓是美國在遠東地

區的根據地，出產麻、砂糖、眼鏡蛇等。

關於這些地方與香港的關係，首先需要説明的是香港與這些地方之間的物資交通。這不僅是和這些地方之間的物資出入口問題，而且香港亦是南洋地區物資流通的中介地。舉幾個例子，比如香港引進法印、泰國的米賣與菲律賓；我國也偶爾在香港買進外國的大米，這也是眾所周知的；也有從美國進口到香港的小麥再賣到泰國；我國的棉製品及雜貨也經香港出口到新加坡、荷印等地。

這些經濟關係因為有華僑的介入變得更緊密。而在這些地方都可看到許多中國南方人 —— 特別是廣東、福建兩省的人大量移居當地。[4]

華僑在居留各地具有商業實力，互相之間又有金融商業關係。上文所説經由香港的各種南洋貿易即多經過華僑的中介。尤其在華僑往返家鄉的交通和華僑匯款等方面，香港都發揮着中介作用。

4　根據最近重慶僑務委員會調查，各地華僑人口如下所示：泰國 1,500,000、法印 326,000、馬來 1,960,772、菲律賓 110,500、荷屬東印度 1,344,809。此據香港《國民日報》，1940 年 6 月 19 日。

　　同時，即使撇開這些直接的經濟關係，各國在作為殖民地或半殖民地方面的地位也有共同之處，不能忽視他們跟從宗主國方針所顯示出來的結合關係。英、美、法在事變以來，因各國對華共同利益而形成與我國對抗的共同戰線，這已是眾所周知。再者，歐洲戰爭爆發以後，英、法、荷都站在國聯一側。美國雖無武力行動，卻也以列國之名義行動。因此，這些國家的南洋殖民地彼此之間同樣存在着共同戰線。1940 年夏，法國屈服使這個戰線起了變化，法印脫離援蔣聯盟，而英美之間的合作則有強化的傾向。從這個觀點出發，隨着聯合國在南洋及中國方面的合作，香港與馬尼拉、新加坡、巴達維亞之間的關係則更具特殊意義。南洋圈在各方面上，作為香港的背景，具有很重要的現實意義。

　　更重要的是，英帝國在遠東的勢力中不僅局限於一個小小香港島，除了通過香港而連接的華北地區，仍可以觸及長江以南的整個中國。經過百年的經營建設，香港經濟實力之強令它可稱為南洋的貿易中心點。雖然現在遠東政治的大變動已動搖了香港的勢力範圍，但香港在南洋發展的餘力尚存。為了了解英國根深蒂固的勢力，必須理解香港經濟勢力所及範圍網之大。

二
香港的歷史

初期的英中貿易

　　香港歷史恐怕是最沒個性的歷史之一。與印度相比，香港沒有克萊武（Robert Clive）；與新加坡相比，則缺乏萊佛士（Sir Thomas Stamford Bingley Raffles）。如要談歷代港督的功績，都不外是羅列稅務整理、土木工程、衛生、教育設施等非世界史的東西罷了。而香港百年來的歷史，其重要性在於兩個最多彩的國家的歷史性交匯。19 世紀到 20 世紀之間，西歐獅子 —— 英帝國主義的歷史極繁忙多變，可代表西歐資本主義動向；東洋的獅子 —— 中國百年來的歷史則是悲劇性的，亦代表殖民地民族的動向。因此，香港百年的消長是這兩個國家歷史動向的交錯。正因為缺少了浪漫或者英勇壯烈的元素，其歷史背後的原動力便能更清楚顯示出來。

　　以下我們對香港進行概觀，重點是在上述背景中結合香港歷史討論。

　　英帝國與中國交涉的歷史，最初應該是從 1596 年以倫敦商人本傑明‧伍德為隊長向中國派遣三艘商船隊開始。當時伍德身負伊利

莎白女王對中國皇帝的國書，希望中國能同意英國臣民自由往來貿易，但商船隊未能到達目的地，在西印度附近遇難而擱置了計劃。

1600 年英國給予東印度公司特許與印度和中國的貿易獨佔權。但是東印度公司開始派遣船隻與中國貿易則是 1658 年從澳門入港開始。在此之前同屬於東印度公司的英國船隻曾到達廣州和澳門等地尋求貿易。其中尤以明末 1637 年來到廣東的約翰‧威德爾 (John Weddell) 船長所指揮的船隻最有名。當時威德爾從珠江口的虎門進入，受到中國官兵炮擊。英國反擊，而破壞虎門要塞，並進書兩廣總督要求允許自由貿易。此後，英國商船更加頻繁到中國尋求貿易，從廣東、澳門再向北前進，在廈門、台灣、舟山等地也嘗試進行貿易。

清繼明亡而起。1685 年 (康熙二十四年)，政府終公開允許對外貿易。即除了從前朝貢國的貢船附帶貨物以外，其他一般外國商船只要繳納一定的稅額，也允許在中國進行貿易。非朝貢國的英國，凌駕於荷蘭與葡萄牙之上獲得此條件。進入 18 世紀以後，英國對華貿易的地位一直在其他諸國之上。從 1736 年的情況來看，每年廣東有英船 4 艘，法國船 2 艘、荷蘭船 2 艘、丹麥、瑞典船各 1 艘。又據說 1750 年在黃埔停泊的 18 艘外國船中，有 9 艘為英國船。

　　惟清朝對於列國商人在中國進出，和很多封建國家一樣，皆採取了限制政策。當時成立了公行，即外國人所稱的 "Cohong"，也即是獨佔對外貿易商人的基爾特 (guild) 行會組織。當時與外國商人之間嚴禁直接貿易，必須通過這十個或者十三個行會進行。這些公行習慣上稱為「十三行」，成為了廣東豪富的中心。1720 年，對外國貿易的獨佔權組織形成了，並確立自己的獨佔權，此即稱為公行，及後有一段時間曾廢止。朝廷又於 1757 年另頒法令，只允許廣東一個港口進行貿易。之後，公行又再次復活，稱為「公所基金」(Consoo Fund)[1]，設連帶處理債務的基金，是對外國商人及納稅等負有連帶責任的獨立團體。

　　與此相對，英國方面當初只賦予東印度公司對華貿易的特權。該公司以 1720 年以後來到廣東的船運貨物監督 (Supercargoes) 為主，成立管貨人特選委員會 (Select Committee) 監督公司職員以及負責對外交涉等職責。1770 年以後，該公司在中國已常設商船運載監督。東印度公司職員在冬季不可以在廣東居留，需退居至珠江河口的澳門，至夏季的貿易季節方可進入廣東。在廣東只限居於西關外

1　譯者按，即所謂「行用」。

的十三行夷館，即英國人所謂的「廣東商館」（Factory），正如位於長崎出島的蘭館。至於其貨運監督委員會成員，並不允許和廣東總督、海關監督平等直接交涉，而是要以「稟」為名的請願書傳達其想要通商的意願。與此相對，廣東總督則以下發「告諭」方式作為應答對方通商的請求。再者，英商只與行商進行交易，商品的市價基本上由行商們掌握，並且廣東官吏對於稅金橫徵暴斂，毫不知足，除船舶稅、手續費、特別稅外，還索求禮物，英國方面對此一直微詞不斷。

但另一方面，對英國來說，與中國貿易的重要性日漸增加。英中貿易的初期，中國的重要性不僅在於作為英國製品的販賣市場，更在於其作為英國的茶葉供應地。英中貿易的第一重要商品即是茶葉。17 世紀初的 20 年間，英國人大多尚不知茶葉的存在。東印度公司最早是在 1678 年從中國進口茶葉。而到了 18 世紀末，英國人對於茶葉的年消費量已高達每人兩磅。1745 年有議論指，東印度公司若不能以低廉價格保證英國人的茶葉充分供應，則要限制其外貿特權。[2] 正因如此，與中國貿易的重要性越來越高，而英國方面也越發認為，為了解決貿易商的障礙，除了任命駐外機構的東印度公司，

2　　C. F. Remer, *Foreign Trade of China*, Shanghai: Commercial Press, 1926, p.18.

亦必須派遣使節直接與北京朝廷展開交涉。在 1792 年（乾隆五十七年），這個考量透過喬治‧馬戛爾尼伯爵（Earl Macartney）作為特命大使派遣來華而得到實現。

馬戛爾尼伯爵的使命是要面謁乾隆帝，提出包括如下條款的對華貿易改善要求。一、除廣東以外，允許寧波、舟山的貿易；二、允許英國在北京與俄國一樣的貿易；三、明確固定的稅金及稅率，廢除其他課金及雜稅；四、割讓廣東附近的地方作為英國人居留地。

但是，首先等待英使的是北京朝廷「禮儀三百威儀三千」之禮儀問題。馬戛爾尼伯爵一行從渤海沿着白河往上，從天津進入時必須打着英國進貢使的旗號。然而，對要求平等條約的馬戛爾尼伯爵來說，這些進貢使的禮儀確是非比尋常的問題，但他們最終還是讓步，打了這個旗號。恰好當時乾隆帝為避暑行幸熱河行宮。作為謁見的步驟，英使們需面對中國三跪九叩的禮儀問題。根據記載，馬戛爾尼伯爵最終不需作三跪九叩，並於 1793 年（乾隆五十八年）9 月 14 日早上在萬樹園的大幄裏正式觀見乾隆帝，呈遞國書。於是，他得到了極為優渥的待遇，乾隆帝敕答曰：「今爾國使臣於定例之外，多有陳乞，大乖仰體天朝加惠遠人，撫育四夷之道」。要知道，對於以

中華自居的北京朝廷來說，作為夷狄的進貢國來要求對等通商條約，是始料未及的事情。結果，英政府和馬戛爾尼伯爵的苦心策劃只能以一場鬧劇告終。

其後進入 19 世紀，英中貿易的限制一直沒有變化，拿破崙戰爭結束後的 1816 年（嘉慶二十一年），英政府聽取東印度公司的意見，任命阿美士德勛爵（Lord Amherst）為特命全權大使，往見北京朝廷。阿美士德爵士與馬戛爾尼伯爵一樣，也面對三跪九叩大禮的難題。最終阿美士德爵士亦確實因為這個問題的糾紛，最終不得謁見嘉慶帝而黯然回國。如此，英國為解決對華通商問題的兩次嘗試都以鬧劇收場。然而，這個鬧劇對於中國卻不是真正的鬧劇。北京朝廷一直耽於天下唯我獨尊、君臨萬邦的美夢，導致中國後來處於失去香港、被強加不平等條約的悲慘境地。

然而，關於阿美士德勛爵的中國之行不得不提的是，使節一行人的艦隊在 1816 年 7 月曾在香港停泊。當然，那時的香港只是南中國沿岸眾多島嶼中一座荒涼的石山，船舶在這裏不過是補充食水而已。然而，隨着英國與中國之間的接觸越加頻繁，香港漸漸在歷史和記錄中顯露出其重要性。

鴉片戰爭

　　18 世紀末期，英中貿易發生了一大變化 —— 即鴉片作為新商品登場。正如前述，在整個 18 世紀英中貿易中，最重要的商品本來是茶葉。東印度公司從中國購入茶葉，用白銀來支付，在很長時期內貿易差額都是中國出超。相反，東印度公司在中國尋求英國羊毛製品的市場，這個改善貿易舉措卻以極大的失敗告終。然而，在印度種植的鴉片輸入中國之後，情況就完全改變了。鴉片在 1620 年至 1630 年代經由荷蘭人在台灣種植，1650 年代進入福建省，從此吸食鴉片的潮流就漸漸席捲中國全境。英國商人開始介入買賣印度的鴉片後，中國的鴉片進口急速增加。18 世紀到 19 世紀之間中國的鴉片進口如下表所示，可見進口量一直在激增。[3]

3　牛窪愛之進：《阿片禍 —— 英國東洋侵略史》（東京：曉書院，1933 年），頁 115。

表 2-1　18 世紀到 19 世紀之間中國的鴉片進口量

1729 年	雍正七年	200
1789 年	乾隆五十四年	4,000
1815 年	嘉慶二十年	5,000
1830 年	道光十年	18,960
1832 年	道光十二年	23,670
1836 年	道光十六年	27,000

單位：箱。每箱鴉片 120 磅。

　　進入 18 世紀 [4] 以來，鴉片收入足以支付茶葉的費用，因此在英中貿易中，開始出現中國方面的逆差。1818 年至 1834 年的 16 年間從中國航向印度的英國船隻所運送的白銀高達 5,000 萬元。[5]

　　之後東印度公司以外的英國商人也漸漸沾手鴉片貿易，美國和其他歐洲諸國的船隻也漸漸參與鴉片販賣。

　　北京朝廷對於鴉片禍害入侵，反應從最初就是十分遲鈍。1813 年（嘉慶十八年）以前對鴉片販賣者有處罰的規定，但其罪輕，而對

4　譯者按，原文是 18 世紀，應為 19 世紀。

5　*Foreign Trade of China*, p.25.

於吸食者則沒有特別的罰則。

　　1813 年後對於吸食者雖有刑罰，但不過是杖刑或枷鎖罷了，完全不足以防止已蔚然成風的鴉片吸食潮。1823 年（道光三年），中國內地也禁止種植、製造鴉片，然而對於鴉片問題嚴重性的覺醒，倒不如說是由於鴉片導致白銀流失所造成的影響。1836 年（道光十六年），太常寺少卿許乃濟等官吏上奏指出，每年流出的白銀逾千兩[6]，由於銀價騰貴，每兩白銀兌 1,200、1,300 文，導致物價飛漲。並且在這個上奏中提出對策提議，認為應該放鬆內地鴉片的禁令，防止從外國流入鴉片，從而減少白銀流出。這是顛倒錯亂的提議。1836年，北京朝廷尚未作出取締鴉片的決策，還處於軟硬兩論並立的時期。直到 1838 年才決意要禁止鴉片並開始實施禁令。

　　另一方面，進入 1830 年代時，英國的形勢也產生了較大變化。1760 年至 1815 年間進行的所謂產業革命，給政治和社會帶來許多變革。首當其衝即是 1832 年修訂選舉法，使掌握英國政治 50 年的保守黨落馬。翌年即 1833 年 1 月召集的新議會決定在 1834 年 4 月 22

6　編者按，原文如此。

日為期限,廢止東印度公司對華貿易的獨佔權,又允許居住在好望角、麥哲倫海峽間等地的英國臣民與中國自由貿易。

後來為保護與東洋諸國的貿易,且管制各地英國臣民的活動,特任命貿易監督官(Superintendent of Trade)一職。

1833 年 12 月,英國政府以律勞卑勳爵(Lord Willam John Napier)為首的三位貿易監督官進駐廣東。

律勞卑勳爵於 1834 年 7 月 15 日到達澳門。在他離開英國之前,時任外相的巴麥尊勳爵(Lord Palmerston)授予他的訓令要旨如下:一、在不妨礙現有貿易的情況下,找機會在廣東以外諸港擴張貿易;二、尋找合適備戰的港口,但訴諸軍事為最後手段;三、尋找機會測量中國海,同時研究與北京展開外交交涉的可能性。

律勞卑勳爵肩負以上使命,先到了澳門,並於 7 月 25 日進入廣東。然而,兩廣總督盧坤認為:「向來是由公局負責監督英國商人的貿易,突然設立所謂貿易監督官是違例。且突然來廣,在沒有許可下進入夷館、沒有行商仲介的情況下,與中國官吏之間的交涉諒難

允許。」他因此拒絕律勞卑勳爵要求的一切交涉，並命令他立即返回澳門。律勞卑勳爵態度強硬，釀成了嚴重糾紛，中方甚至揚言斷絕與英國人的一切貿易往來。

9 月，兩廣總督甚至下令華人禁止向英國人提供一切物資與勞務，律勞卑勳爵於是被封鎖在夷館裏。這個爭議在雙方妥協下，以律勞卑退回澳門為條件，解除貿易停止的禁令。律勞卑勳爵也於 9 月 21 日，在中國兵船的護送下離開廣東。然而，10 月他在澳門得了熱病，最終客死異鄉。

在此要記住，律勞卑勳爵在寄給格雷伯爵[7]的書簡中提到，建議應該佔領香港；那時是 8 月 21 日，正值與廣東總督爭辯得臉紅耳熱之際。這可以理解為：英國使團認為通過和平手段深化英中貿易的希望經已渺茫，於是武力奪取貿易根據地的想法在英國使團的腦中變得具體化。這個時期英國通過鴉片戰爭佔領香港這種對華強硬的做法，應該以 1819 年佔領新加坡為背景來理解。

---

7   譯者按，可能是查理・格雷維爾 (C. C. F. Greville)。

　　東印度公司失去了獨佔地位，英國宣佈自由貿易之後又產生了具體對華武力侵略的行為，看起來似乎不合邏輯，然而這卻是歷史事實。在對華貿易上，東印度公司一直採取息事寧人的做法，儘可能避免與中國官吏發生衝突，傾向以妥協收買手段解決。然而，貿易監督官取代東印度公司之後，主張正面直接的平等溝通，而為了達到目的，使用武力的機會自然急劇增加。

　　另一方面，取代東印度公司的其他英國商人的目的，也絕不是為了改善當時對華貿易的性質，而是因為鴉片貿易額不斷增加。

　　鴉片貿易以珠江河口外的伶仃島為第一中心地，香港、爛頭等島嶼都有進行。英國船隻從印度運來鴉片，將裝載貨物轉移到華人的武裝走私船「快蟹」或「爬龍」，之後將鴉片運到中國內地。隨着中國官吏對鴉片的取締日益嚴重，中國走私船也藏起身影，取而代之是印度士兵乘坐的二桅（或以上）縱帆船（Schooner）或小汽艇等英國走私船。這些走私船不僅在虎門外，也在虎門內的黃埔進行走私貿易。最終，廣東下游的珠江流域變成了鴉片貿易港口，30、40 艘縱帆船、小汽艇等英人所有的走私船，即使沒有許可證，也可自由進出珠江；英國商人也打破冬季休市的禁令，常年在廣東進行

鴉片買賣。

　　對於鴉片貿易持強硬態度的林則徐，突然非常徹底地從事禁煙工作。1838 年（道光十八年），林則徐取締鴉片的上奏獲得嘉許，從湖廣總督擢升為欽差大臣，厲行取締鴉片貿易，並於 1839 年 3 月到達廣東。4 月，林則徐對廣東商館的外商發出嚴格告示：限期三日，將伶仃洋船上走私的鴉片盡數上交，並且要求各商館出具誓書（甘結）聲明：「嗣後來船，永不敢挾帶鴉片，如有帶來，一經查出，貨盡沒官，人即正法，情甘服罪」。在約定三日後即派兵包圍封鎖商館，威嚇英國人。

　　繼承律勞卑勛爵首席貿易監督官一職的查理・義律（Charles Elliot）於是只能屈從，通告「出於保全現在廣東居留的全體外國人的生命安全和自由的動機」，廣東全體英國人需將各自擁有的鴉片，全部上繳貿易監督官，由監督官轉呈上繳給中國政府。在這個命令下向中國上繳的鴉片多達 20,283 箱。北京朝廷下達命令，應在廣東居民及外國人的面前銷毀鴉片，林則徐於是在虎門海岸處將鴉片全部銷毀。在上繳鴉片的同時，商館的封鎖也被解除，義律及居於廣東的英國人全部退往澳門，時為 5 月 24 日。自此英中關係轉趨惡化。

6月，發生英國船員在九龍尖沙咀毆打村民致死的事件。林則徐要求引渡該名犯人，惟義律宣稱施襲者不明，不予應答，遂再次釀成大危機。

林則徐欲再次採取強硬手段使英國人屈服，從香山縣城（現在的中山縣城）前往英國人居住的澳門，欲禁止英國人在澳門停留。澳門的葡萄牙官吏也因無法保障英國人的安全而希望他們撤離。英國人在 8 月 26 日離開澳門，暫時在停泊於香港的船上生活。

不過，林則徐沒有停下來，繼續禁止香港、九龍居民為英人提供糧食。這一政策觸怒英方。英艦在 9 月炮擊中國兵船。

在這期間，義律希望葡萄牙能居中調停，與中國重新展開貿易交涉，不過最終失敗。中國於 10 月 25、26、27 日三天發出最後通牒，並集結水陸軍在九龍，準備攻擊停泊香港的英船。

11 月 2 日，義律率領窩拉疑號和海阿新號到達珠江河口的穿鼻 [8]，向林則徐提出撤回攻擊英國船隻的命令及其他要求。在交涉中，

8　譯者按，原文為川鼻。

英國在攻擊中國船隻時採取主動。英國艦先開炮，中國一方不敵，四艘船被擊沉，不得不撤退。英國以這次穿鼻的衝突作為契機，加上香港、九龍亦發生英中衝突，終於掀起了鴉片戰爭的帷幕。

1840 年 2 月，英國議會決定對華出兵，以喬治‧義律少將（Rear-Admiral George Elliot）作為總司令、寶馬（Commodore Sir James John Bremer）為海軍司令官、歌賦（Lieutenant General Sir Hugh Gough）為陸軍司令官，組成一支遠征軍。英國給予遠征軍的戰略是：封鎖從華南到華北的海岸諸港，佔領舟山列島，在廣東、揚子江口及白河口提交首相巴麥尊的通牒。

3 艘配備 72 門大炮的戰艦、15 艘巡航艦和單桅帆船，裝載萬餘名英國兵士，加上 27 艘印度兵運送艦於 6 月底到達廣東洋面。飄揚着寶馬司令旗的戰艦威厘士厘號向澳門進發，揚言封鎖珠江。其他艦隊在 7 月攻陷舟山列島的定海，另有一艘軍艦在 7 月 2 日往廈門開進並炮火相交。查理‧義律親自率領一艦隊北上，於 8 月 9 日到達白河口提交國書。

眼見英國艦隊蹂躪了福建、浙江，於今更是逼近北京附近的天

津，北京朝廷十分驚駭。時朝議軟弱派佔優勢，而像林則徐這些強硬派則遭到排斥。11 月 16 日，欽差大臣伊里布與義律在定海簽訂休戰條約。另外直隸總督、大學士琦善在廣東與英方議和，1841 年 1 月 20 日與義律簽訂《穿鼻草約》。條約規定割讓香港、支付賠款、英中兩國平等溝通。

在這個交涉中，中方的態度表現了典型舊官僚的無能和玩弄小聰明的習性。中方代表對英方表示可以滿足他們一切要求，但向上則模糊了事，對北京朝廷隱瞞真相。對此，狡猾老練的英方代表作出講和及交戰兩種不同的姿態，以期在氣勢上壓倒中方代表，使自己的要求得遂。

北京朝廷對於內外情勢一無所知，對自己的勢力也並不清楚，決定繼續採取強硬對策，使自己越來越陷入被動的窘境。簡而言之，這是清朝官僚在外交上的弊端，遇到新銳資本主義英國的攻擊時，便完全暴露無遺。

朝廷中強硬派再次獲勝，琦善、伊里布退下，宗室御前大臣奕山被任命為靖逆將軍，派赴廣東，務必收復海疆。

　　寶馬司令眼見中國的戰意，再次威逼虎門，1841 年 3 月 26 日攻陷虎門諸砲台，27 日進逼黃埔，威嚇廣東。中方為緩和英國的攻擊，顯示了一時的讓步，5 月再啟戰端，導致廣東周圍的砲台最終悉數為英國佔領，中方不得不投降，在廣東進行和議。

　　1841 年 5 月，砵甸乍爵士（Sir Henry Pottinger）代替義律成為首席中國貿易監督。8 月進入中國後，因懷疑廣東和議的真實性，於是率領遠征軍北上。10 月 1 日再佔定海，13 日陷寧波，翌年 1 月佔領奉化。中國從 3 月開始反攻，但皆被英軍粉碎。5 月英軍更向北推進，攻陷滿州八旗兵駐防地乍浦，6 月 16 日下寶山縣，19 日佔領上海。7 月 21 日陷鎮江。最後決戰後結束了對南京的攻擊，中方屈服並進行南京和議，於此鴉片戰爭終於告一段落。

　　英中兩國全權代表 8 月開始在揚子江上的英國戰艦皋華麗號（Gornwallis）上進行《南京條約》的協議，20 日正式簽訂。翌年即 1843 年 6 月 26 日，雙方政府就這條約在香港交換批准。

　　眾所周知，這個條約決定了割讓香港，但是這個條約不只影響英中關係，還開啟了歐美諸國與中國關係的新局面，對中國歷史來

説，也是新時代的開始。

這個「不平等條約」使得清朝從原來君臨天下的王座中跌下來，陷入了不得不聽任外國指使、受外國蠶食的可憐處境。

此條約不僅規定支付賠款、割讓香港、開放五個港口，同時需保障在這五個港口英國人的居住、貿易自由和安全，並承認治外法權。在《南京條約》中所承認關於英國人在中國的地位，對於理解之後的香港歷史實在不可或缺。

《南京條約》第一條是協議英中兩國的和平友好及保護兩國國民的生命財產。第二條是規定中國向英國國民開放廣東、廈門、福州、寧波和上海五個港口作為通商口岸，及英國可在這五個港口派駐監督官和領事官。

第三條是關於割讓香港，「英國國民在必要的情況下，為修理損壞的船舶以及保護這些修補材料等目的」，需要向英國割讓香港島。

第四條作為賠償已沒收的鴉片，需支付 600 萬兩洋銀。第五條

廢止一直在廣東貿易的公行制度,規定任何人可自由從事通商交易。第六條是軍費賠償,需支付 1,200 萬兩洋銀。第十條是規定清政府需設定公平的進出口關稅並予以公開。

以上項目是南京條約的主要內容。1844 年美國援引之並簽訂《望廈條約》,同年法國簽訂《黃埔條約》。其他諸國和中國簽訂的條約亦可看作《南京條約》的延續。之後以亞羅號事件為動因而引起的第二次鴉片戰爭,所謂英法兩國向清政府發起的「修約戰爭」,導致 1858 年 (咸豐八年) 的《天津條約》和 1860 年 (咸豐十年) 的《北京條約》等的簽署。隨着時間推移,外國人在中國的利益範圍也日益擴大。

上海、廣東、廈門、天津、漢口等地方之後都有外國租界的出現,在租界內外國人排除了中國的官吏,私自行使管理權和領事裁判權。後又因為承認外國各自的特殊勢力範圍,中國不得不約定不割讓原則。而外國船舶獲得中國內河航行權、外國人傳教士得以居住在條約港以外的中國內地,實際上使外國獲得了土地所有權。

形成 19 世紀後期我國人在中國的各種權益的基礎即存於《南京

條約》。英美史學家為鴉片戰爭辯護，認為這場戰爭的本質不在於鴉片問題本身，而是中國應該拋棄君臨萬國的優越觀念。他們是為了開放自由通商門戶而戰。1841 年，美國國務卿亞當斯將鴉片戰爭和美國獨立戰爭作比較，認為正如波士頓市民將英船隻中的茶葉投到海中這個事件並不是導致獨立戰爭的真正原因一樣，銷毀鴉片也絕不是鴉片戰爭的真正原因。自此以後，歐美在論述香港歷史時大抵繼承了這種見解。在此，我們並不想作出「鴉片是本或者自由貿易是末」這種徒勞無功的爭論。但要銘記的是，鴉片戰爭給中國帶來的結果，絕不是所謂的自由貿易，更遑論平等溝通。行商和「稟」的制度被打破，取而代之的是所謂的治外法權，還有駐兵權、內河航行權，更包括關稅、郵政管理等。

同時應該記着，當時英國國內對於鴉片戰爭以及鴉片走私貿易，在格萊斯頓 (William Gladstone) 的自由主義陣營中已有強烈反對聲音。即在英國為自由貿易辯護的一派，也並不歡迎這場戰爭所帶來的在華自由貿易，並且批評這場戰爭是為了鴉片走私貿易所進行的不義之戰。格萊斯頓於 1840 年 4 月在國會作出演講，明快地展示了自由主義者一派對於鴉片戰爭的看法：[9]

9　　矢野仁一：《鴉片戰爭與香港》(東京：弘文堂，1939 年)，頁 193-194。

　　華人試圖阻止英國人的鴉片走私活動。在英國人沒有
阻止這種醜陋且無法無天的貿易的情況下，華人至少有權
將這種貿易從自己的沿岸驅逐。我們一方面居住在中國的
領土，卻拒絕遵守中國的法律，那麼華人拒絕提供糧食又
何罪之有？這場戰爭不知將如何延續，但其起因是如此不
正義。未曾聽過，歷史上也未曾記錄這種會為我國帶來永
久恥辱的戰爭。去年秋天陸軍大臣豪言，謂絕不允許世界
任何一個地方侮辱英國，務必讓英國國旗光榮地飄揚，此
等豪言壯語極大地鼓舞了海軍的心，使他們為大英帝國效
力。然而，我們看到英國國旗，心中就會湧起對其精神的
崇敬，那是因為英國國旗讓人聯想到它是正義之友、專制
之敵、民族的權利、公開公平商業精神的代表。然而，這
個旗幟在巴麥尊勛爵的指導下，高舉而保護了醜陋可恥的
貿易。如果英國國旗只能在中國沿岸飄揚，不能不讓我等
看着產生恐怖而只想逃回的心情。這面國旗業已威風凜凜
的展示它的莊嚴，翩翩飄揚於風中，那時我們恐怕不能像
現在那樣感覺到這種雀躍的感動和情感的顫慄了。

　　關於《南京條約》，還需贅言的是鴉片戰爭在中國國內產生的影

響。鴉片戰爭為中國帶來外交關係上一百八十度的轉變，從而產生了《南京條約》，對內更是產生了不亞於對外的深刻影響。在此不可能詳細討論，只需記着以下這些內容便可。

其一，鴉片戰爭使得中國官民產生了一種自覺，認為中國實力不及西洋。無論清朝強硬派也好，軟弱派也好，都承認了這一點。如林則徐這般認真的政治家則從戰爭中得到了深刻的經驗。

林則徐因為背負這場戰爭的責任，被流放到遠離中央的伊犁。他在流放途中寄給友人的書信中這樣說：

> 蓋內地將弁兵丁雖不乏久歷戎行之人，而皆睹面接仗。似此之相距十里八里，彼此不見面而接仗者，未之前聞。徐嘗謂剿匪八字要言，器良技熟，膽壯心齊是已。第一要大炮得用，今此一物置之不講，真令岳、韓束手，奈何奈何。[10]

10　蔣廷黻：《中國近代史》（長沙：商務印書館，1940 年），頁 23。

然而，即使有此自覺的人出現了，清朝的腐朽卻已日深，難以將此種自覺付諸實行。尤其是鴉片戰爭之後為平定太平天國之亂花了 20 年[11]，這些年間並沒有在這個方向上發展出任何事情。至咸豐末年同治初年（1861 年），如曾國藩、李鴻章、左宗棠等軍人[12]之手開始嘗試建立近代軍隊組織，再到 1897 年[13]，康有為的戊戌變法也是政治改革的一種嘗試。

然而，徹底向近代國家過渡，則連辛亥革命也沒有成功，這也是眾所周知的。

如此，清朝上層在獲得鴉片戰爭的教訓上顯得十分遲鈍，反而普通民眾受其影響甚為深刻，並因此令社會出現很強的不穩定性。

首先，鴉片戰爭在普通民眾的心裏深植了一種強烈的排外心理，尤其是廣東省的民眾由此開始長期的排英運動。「平英團」的成立，開始襲擊、殺害英國人以及排斥主張與英國人妥協的清政府官

---

11   編者按，應為十多年。

12   編者按，三人應為文官。

13   編者按，原文作 1897 年，應作 1898 年。

吏。關於這個主題後面會有更多的討論。第二，民眾之間深深認識到清朝軍隊的腐敗，從而產生了輕侮之念頭。清朝軍隊的基礎本來是滿洲人在畜牧時代的制度下遺留的八旗兵，他們入主內地日久，漸失昔日的強悍，這於鴉片戰爭中與近代英國軍隊之間的戰鬥中暴露無遺。民眾反滿的思想日強，致各地叛亂頻生。其中最引人注目的是太平天國之亂。

要知道，鴉片戰爭加速了封建中國社會的分解過程。此外，取而代之的近代社會及國家組織不能產生，結果只徒然形成了一個海外先進列強在經濟和政治上侵略的絕好基地。在外國資本支持下，中國開始了近百年的畸形發展，而香港正好起到支持這種畸形發展的樞軸角色。

香港的建設和第二次鴉片戰爭

1841 年 1 月，清政府根據《穿鼻草約》割讓香港，由主席貿易監

督官義律擔任新領土香港總督，並發佈了以下諸項佈告：一、在接到女皇訓令之前，香港的英政府不收取港灣及其他稅。二、來香港的諸國船舶得到英國國旗的保護。三、英國商人對華人採取協調的態度。

接下來的 1 月 26 日，寶馬率一艦隊來港，在太平山山麓登陸，以女皇的名義佔領香港。英國國旗在香港島上飄揚的這一天，中國朝廷正好向琦善下達推翻《穿鼻草約》的命令。然而，不管中國方面態度如何突變，英國人卻以其實力繼續佔領香港，推行他們的商業建設計劃。

1841 年 2 月，一批英國商人和傳教士從澳門來到香港，調查和視察新領土。3 月末開始建造供勞動者居住的臨時宿舍、趕製倉庫以及露天貨攤等。本來香港的原居民在華人當中，就是那些被當作特殊人看待，而頗受蔑視的客家和水上人。這些特殊民眾不像其他漢族有排外心理和愛國心，故若無其事地與英國人接觸。尤其是水上人（蜑民）在東印度公司的時期就曾經協助作水上導航，以及為走私運輸提供幫助，甚至違反禁令販賣糧食。最初就是這些原居民幫助英國人建設，其次是從外部流入香港的華人勞工。跟隨其後移居

香港的是供應勞工衣食住行的商人。印度和新加坡的船隻運來木材和建築材料，太平山北麓木槌的聲音在海邊迴蕩，新型都市的樣貌在短時間內就出現了。在這個建設過程中形成的香港最初由三個區組成：首先是英國人及其他外國人居住的跑馬地，位於現在維多利亞街市東的山谷之間的一個區域，怡和洋行在這個區域的海邊築起了第一家商館太古洋行（Jardine & Matheson Company）。與此相對，華人在西方海岸設置了名為廣州市集（Canton Bazaar）的市場，並以此為中心另外形成獨立的區域。再者就是駐屯士兵沿着太平山下的一條小河，在山坡以及維多利亞街市西邊的西營盤兵營中聚居。在對岸的九龍，中國合約工人居住的小屋羣也漸次出現。另外，有四分之一香港居民是住在小船上、過着水上生活的蜑民。[14]

　　這個城市的景觀雜亂無章，而實際上在香港進行建設也並非十分順利。首先，最初居於香港的華人，多數為走私者、海盜及少數漁民和採石工人。英國人中也絕不是英國紳士，而是託身一葦帆船、希望通過與外國人進行買賣（特別是鴉片）而一夜暴富的冒險家。因

14　根據 1841 年 5 月 15 日公佈的香港最初人口調查中，香港居民按地域差別，顯示如下：香港島上的各村落，4,350 人；廣州市場內，800 人；水上人，2,000 人；住在九龍的勞工，300 人。總計 7,450 人。G. R. Sayer, *Hong Kong, Birth, Adolescence, and Coming of Age*: Oxford: Oxford University Press, 1937, p.203。1860 年代以前香港的歷史，尤其關於資料的考證，參考此書十分方便。

此，以這些人作為香港的拓荒者，困難亦接踵而至。

首先，困擾香港的是流行病。道路開鑿以及房屋建築展開時，瘧疾非常嚴重。勞工和士兵紛紛染病去世。當中尤以西營盤最受瘧疾所影響，以致司令官要下令將全部官兵移到運輸船。一時之間，瘧疾被稱作「香港熱」，政府為收容病人急忙建造醫院，也只好草草將死者埋葬。

第二，南中國沿岸頻起的颱風也使香港苦不堪言。即使到現在颱風也是最困擾香港的自然災害，1841 年 7 月 21 日及 25 日，香港剛剛歸於英國旗幟下便飽嚐首場颱風之禍。帳篷、茅屋、倉庫、市集、剛建成的醫院，甚至政府辦公室全被吹毀。六艘外國船沉沒，停泊港內的船隻都遭受極大損害，失蹤的蜑民不計其數。隨風害而來的是火災，以致大部分廣州市集都在火海中化為烏有。

當時倫敦流行一首 "You may go to Hong Kong for me" 的歌。可想而知，英國人認為香港是個與世隔絕的孤島。與這種感情相配合，英國本土也流行着放棄香港論，在澳門的英國商人中，也有許多人不願意放棄原本已經慣居的澳門商館移往災禍頻仍的香港。這一派

往往對香港的建設冷眼旁觀，甚至惡言相向。

　　然而，香港在這種不利環境下仍能茁壯成長。首先，促進香港發展的是 1841 年 5 月再次展開的廣東攻擊，珠江因此被封鎖。原本從廣東和中國東岸其他港口回港的船隻往來多經香港，視情況有時會暫時停泊；珠江被封鎖後，在香港的貿易往來才正式開始。尤其是運鹽船隻在香港卸下貨物，鴉片也是先送到香港，在這裏存倉再轉口到中國其他港口。因戰事再起，廣東民眾排英暴亂頻發，不少居於廣東的英國商人於是移居香港。

　　香港作為英國擁有的貿易港口，設施和制度漸漸完備。1841 年 5 月，英國進行最初的人口調查並發行官報。6 月 7 日通過官報發佈香港作為自由港的宣言，同時刊登廣告，公佈政府將出售地皮。6 月，副貿易監督官莊士頓（A. R. Johnston）受命主理政府事務，7 月則被任命為港灣監督官。此時英國人已經在廣告中展示一個樓高兩層的茅屋倉庫。7 月 28 日，從英國傳來不承認《穿鼻草約》的訓令，主席貿易監督官一職也由義律換上砵甸乍。9 月開設郵政局，10 月開設監獄。1842 年 2 月，砵甸乍再次宣稱香港與定海作為自由港，貿易監督官的駐地也由澳門遷往香港。3 月時廣告中的茅草倉

庫已經改為石頭建造的倉庫。5月，廣州市集落成，形成現在中央街市的原型。同時，幣制漸漸統一，以西班牙銀元和墨西哥銀元作標準，印度的盧比和中國的銅錢可與其兌換，一枚銀元兌四分之一盧比，中國銅錢則以一枚銀元兌一千二百文的比例流通。8月《南京條約》簽定後，割讓香港已成板上之釘。1843年6月《南京條約》在香港獲得批准，可以認定此時大概是香港百年歷史的出發點。1842年3月香港人口約為 20,000 人，包括顛地商行、仁記商行、怡和商行、太平洋行等各大英國商人事務所開始成立。1843年時英國人的大公司有 12 所，印度人的 6 所，小規模的英國私人商店約有十幾所，紛紛記錄在案。而在這一年也有香港最早的造船記錄，一艘名叫 Celestial 號的 80 噸小船，在街市東面的東角（East Point）下水。

香港港口漸漸完備的同時，香港和中國的變化，及中國以香港為立足點的策略也在進一步完善。以英國在中國的活動來看，香港從一開始的意義就極大。正如前述，港督同時也是主席貿易監督官，並以對華全權大使身份與北京或廣東當局交涉。至 1853 年香港開定例局會議，也是為已開放的五個港口之英國居留民所開設的。香港的高等法院也是用以審判五個港口之英國居留民。也就是說，香港是第一次鴉片戰爭到第二次鴉片戰爭這 20 年間治外法權政府的所在地。

1843 年 10 月，砵甸乍和尚書耆英在虎門寨簽訂了《南京條約追加條約》(《虎門寨追加條約》)。這個條約就英國貿易作了具體規定，同時也包含規定香港和這五個港口之間關係的條款。其中，第九條是清朝和香港之間犯人互相引渡的事宜。第十五條規定中國商人在香港負債，或英國商人在五個港口負債的償還問題。第十三條命令從五個港口運往香港的貨物，不論國籍，都必須從出口港獲得通行證。第十四條、第十六條也是關於通行證的規定。第十七條規定香港、廣東、澳門之間往返之小型船的相關事宜。

雖然這些規定顯示香港和中國之間的貿易正在形成一些規律，但同時香港的對華關係調整卻存在許多困難，而且並非都以和平方式解決。首先，阻礙關係調整的是中國民眾對於作為侵略國的英國的強烈仇視心理。在簽署《南京條約》之後，廣東對英國人的居留地開設問題發起了最頑強的抵抗。根據中國的記錄，1841 年 6 月，廣東近郊有 130 多個村落的民眾組成抗英小隊，殺害不少英兵。1842年冬天，因為《南京條約》而轉移到廣東的英國人與市民發生衝突，萬餘人包圍英國領事館，官兵的彈壓一時亦未能奏效。

《南京條約》中規定英國商人可以在廣東獲得居留地，香港因為

已確立貿易關係，為此一直十分積極。然而，這個努力卻沒有任何效果。1843 年，總督砵甸乍不得不承認，雖然有條約的規定，但是進入廣東的時機尚未成熟。1844 年亦曾發生騷擾廣東英國商館的事件。1846 年，總督戴維斯（Sir John Francis Davis）再次主張進入廣東，1 月時廣東市民衝擊官衙的情況十分激昂。7 月也發生英國商館和市民之間的衝突。1847 年，德己立少將發動軍事行動，攻破虎門寨並入侵廣東。然而，這個軍事行動也沒有帶來任何實際效果。1849 年末廣東郊外有六名英國人被殺，這是比以往更嚴重的一個事件。

香港和中國之間關係調整之所以舉步維艱，不僅是因為華人的仇敵心理。鴉片問題是這個關係調整嘗試的絆腳石。或者說，鴉片問題一直在中英之間埋下紛爭的種子。由鴉片問題衍生的戰爭產物《南京條約》，對鴉片貿易問題卻隻字不提，這也非常奇怪。但在英方來說，《南京條約》中談到的貿易，表面上雖無「鴉片」二字，實際上除了鴉片貿易外便別無他物了。據霍塞（E. O. Hauser）所言，在《南京條約》後的中英貿易之中，中方的主要出口商品是生絲和茶葉，其年出口額是 500 萬鎊，相對進口商品的大宗是毛織品，年額不過區區 150 萬鎊。那麼，如果只以這些來結算的話，中國的貿易順差是

350 萬鎊。然而，印度所產的鴉片經由英國商人賣給中國的年額是
900 萬鎊。惟英國不僅對中國進行貿易結算。當時印度每年購入英
國製品要支付 800 萬鎊，也屬於英國的外貿結算。英國商人每年賣
給印度和中國這兩個亞洲國家的商品的 1,000 萬鎊年額中，有 900 萬
鎊是在這個鴉片三角貿易中結算的。[15]

因此，要求政府以強硬態度支持鴉片戰爭的在華或在印英國商
人，以及在倫敦、曼徹斯特、格拉斯哥的英國商業總會都認為，以
戰爭勝利公然進行鴉片貿易並獲取暴利的時代已經來臨。《南京條
約》下的自由貿易，被理解為自由將鴉片帶入中國並進行貿易。雖然
英國當局和總督也有從「擴大鴉片貿易不合道德」這個論點來提出反
對，然而他們的嘗試最終不得不敗於英國商人們的強硬態度。香港
也不過如砵甸乍那樣，規定不在領海內保護鴉片貿易，但這也是限
於一種自我安慰的聲明罷了。在 1850 年之前，香港始終要求把鴉片
貿易合理化和合法化，而在有需要保持香港地位的情況下，為了繼
續鴉片貿易而讓南澳島成為鴉片的新中介地。總督戴維斯甚至還在
離澳門很近之處建設淇澳島，作為第二個南澳島。

15　霍塞著、越裔譯：《出賣上海灘》(E. O. Hauser, *Shanghai-City for Sale*)，（上海：大
　　地出版社，1941 年），頁 27-28。

　　從這個中介所運到中國各個港口的鴉片，都要依託掛着英國國旗的船隻運輸。英國佔領香港後，政府決定給予香港船舶英國旗的保護。此規定被鴉片走私船利用。滿載鴉片的英國船停泊在五個港口外時，就將這些鴉片送入內地。掛着英國旗的小型船在珠江自由橫行，走私其他物品。由於當時正值在美國加州和澳洲發現金礦，加上開發南美洲，往海外謀生的華人激增。這些移民多以偷渡形式出國，而掛着英國旗的船隻便為這些偷渡客帶來方便。移民首先來到香港，然後再到各地。輸出勞動力對英國商人也是一門極為有利的生意，因此最後他們甚至不擇手段誘拐、綁架華人賣到海外。

　　正因如此，英國船橫行霸道，自然令中國官民憤恨，加上鴉片持續輸入，終究不能坐視不理。於是，清政府 1856 年在廣東港外對掛着英國旗的亞羅號進行檢查時就觸發了第二次鴉片戰爭。

　　事件在 10 月 28 日發生，鴉片走私者為了避過廣東官吏追查，躲進華人擁有的香港亞羅號船裏。官吏登船檢查，最後帶走中國船員，且認定他們是犯人。中國官吏在檢查時和英國船長發生打鬥，官吏扯下船頭的英國旗。駐廣東英國領事巴夏禮（Harry Smith Parkes）要求總督葉名琛謝罪並釋放船員。葉名琛拒絕謝罪，英國政

府把這件事當作國際問題，加上同年 11 月在廣西發生法國傳教士被
殺的事件，英國遂與法國共同派遣遠征軍。亞羅號事件（或稱第二次
鴉片戰爭）可說是第二次對華進行的武力侵略。

　　以上是第二次鴉片戰爭的動因。為了理解這場戰爭的意義，我
們需要回顧中國自 1841 年至此 15 年間的舉動。一言蔽之，這 15 年
間中國的舊社會制度極速走向崩潰。清朝原來的威望一落千丈，人
民生活甚為貧困，心中不平。單單進入 19 世紀所發生的事便已多
得驚人。農民暴動從 1793 年（乾隆五十八年）至 1802 年（嘉慶七
年）之間一直持續，還有在湖北、四川、山西、河南、甘肅省數省蔓
延的白蓮教暴動、1813 年（嘉慶十八年）直隸、山東、河南發生天
理教叛亂等。此外，也有比上述兩次暴動規模小一點的事件，包括
1813 年陝西三才峽箱工的暴動、1822 年（道光二年）河南教民之亂、
1835 年（道光十五年）山西趙城教民之亂、1836 年（道光十六年）湖
南武崗教民暴動、1838 年（道光十八年）貴州謝法真叛亂、湖北崇
陽的農民暴動、湖南武州崗的稻米之亂、湖南萊陽的農民暴動。從
以上可看到清朝秕政之極，導致貧農手工業者叛亂頻繁。

　　1842 年的《南京條約》之後，英、法、美在五個港口的貿易展

開，白銀流失導致的銀貴錢賤、物價騰貴，促使沿岸地方商業資本、高利貸資本入侵農村。再者，清朝及滿洲八旗軍綠營的威望下降，猶如給反滿情緒火上澆油。

在此情勢下爆發了所謂「太平天國」之亂。眾所周知，這是廣東人洪秀全於 1849 年 [16]（道光二十九年）在廣西金田村揭竿而起的一場宗教暴動。在清朝討伐之下，亂軍仍然從廣西進入湖南，後轉移至湖北，攻陷武漢三鎮。1853 年（咸豐三年）終於攻陷南京，並以此為根據地，以其宗教性的共產主義思想為基礎，實行所謂「天朝田畝制度」和其他新制。

然而，曾國藩所率領之湘軍崛起，稱為「常勝軍」的上海外國人部隊也協助討伐太平軍，加上天平天國內訌，太平軍勢力漸漸不振。1864 年（同治三年），太平軍終於在南京被官軍攻陷，洪秀全自殺。天平天國之亂雖然最終平定，但是這場 15 年的大亂，將清朝的腐朽盡數暴露於國內外人士眼前。所有外國人，尤其是英國人，看到大清國大軍在上海竟及不上一小撮外國人部隊，了解到使用武力令中

16　編者按，原文作 1849 年，應作 1851 年。

國屈服應該是件非常容易的事。

另一方面，自《南京條約》成立十餘年以來，英國勢力日益向北延伸，當初認為價值甚至不及福州的上海飛躍發展。太平天國之亂時，上海已成為外國船隻入港達 400 艘、每年有 800 萬磅茶葉和 60,000 匹生絲出口的大都會，當時上海的外國人公司有 70 間、外國居留民 800 餘人。[17]

英國在上海的利益擴大，在長江流域的勢力也需相應延伸，因此也刻意對華北增加關注。經過十餘年，英國在中國多番經營，已無法僅僅滿足於從《南京條約》所得到的利益了，其關注點逐漸從南中國一帶向全中國延伸。從這一點上理解，他們不會放過亞羅號事件這個絕好機會。因而在第一次鴉片戰爭時作為英國外相的巴麥尊，在亞羅號事件時以首相身份指導國策。而此時巴麥尊與拿破崙三世的共同戰線 —— 與俄羅斯的克里米亞戰爭已奏響第一次凱歌。在近東，英、法兩國在共同戰線上取得勝利，沒理由不把戰線延伸至遠東。於是，本來因為克里米亞戰爭而停泊在遠東的英、法艦隊，又

17　《出賣上海灘》，頁 39。

購入俄國艦隻，向北方出動。

　　偶然在同時段發生的亞羅號事件和在廣西發生的傳教士被殺事件，成為英、法兩國共同出兵的極好藉口。英國議會中雖有反對黨聯合指責巴麥尊的侵略政策，但巴麥尊解散議會，強行出兵。正如紙上所言，巴麥尊以巧言激勵海軍出兵中國，猶如響起了軍鼓，他說：「大英帝國將攻陷中國整條海岸線，佔領首都，將中國皇帝趕出宮殿，今後出擊不會空手而回。……將笞打侮辱我國的中國官吏……將中國將軍像海盜般懸掛於英艦隊的帆幛之上。務必教訓華人應如何尊重英國人。讓他們知道英國人將成為中國的主人。」[18]

　　在 1857 年（咸豐七年）11 月，英、法聯軍兩日內便攻陷了廣東，俘虜總督葉名琛並直接送往印度加爾各答，之後在廣東實行三年軍政管治。1858 年，美國和俄羅斯也跟着英、法要求北京政府修改通商條約；3 月，英、法、美、俄的艦隊在白河口集合，英、法聯軍攻擊大沽砲台，終使北京朝廷屈服，簽訂《英中條約》（即《天津條約》）。條約主要內容包括：一、承認《南京條約》繼續有效；二、中

18　華崗：《中國民族解放運動史》，引自第一卷，頁 70。

英向兩國首都互派公使；三、英國公使官員及其家人可自由在北京
居住；四、英國傳教士可享傳教自由；五、英國商船可自由在長江
流域各個港口之間通商；六、開放五個港口之外，增開牛莊、登州、
台灣、潮州、瓊州為開放港口，平定太平天國之亂後，開鎮江、九
江、漢口為開放港口；七、英國人的訴訟及犯罪由英國領事館處理
和審判；八、減低對英國貨物的進口稅，兩方派遣代表協議新稅率；
九、支付賠款 400 萬兩。

法國和中國之間也簽訂了相同的條約。然而，北京朝廷的主戰
派再次佔優勢。翌年 1859 年，英、法兩國全權代表準備到北京交換
批准時，中國對其軍艦開炮，戰火再起。1860 年春，英、法兩國軍
隊來到上海，佔領舟山羣島、接着從大沽向天津進發。此時清廷再
次屈服，意欲停戰，然而談判破裂，英、法軍隊於 7 月大舉北進，清
帝被迫往熱河避難。北京被攻陷、軍隊火燒圓明園，大肆掠奪宮廷
寶物。至此，清廷終於屈服，簽訂《北京條約》。條約主要內容包括：
一、承認《天津條約》繼續有效；二、新開天津為開埠港；三、割讓
九龍半島；四、支付賠款 800 萬兩。

第二次鴉片戰爭以英、法兩國的勝利告終。結果，以英、法為

代表的歐美列強在中國的權力體系上得到完備和強化。第一，中國
為歐美資本主義的入侵承諾新開放五個港口，尤其是開放作為經濟
心臟部位的長江流域內地三港。第二，承認外國公使常駐，那就不
僅承認通商，同時也承認列強在中國的外交關係和在中國的地位。
第三，治外法權體系因加入了領事裁判權和協議關稅而得到進一步
鞏固。

　　值得特別一提的是，1858 年（咸豐八年）7 月 26 日（即《南京
條約》批准日），在上海進行的協議關稅會談中，規定對鴉片課以每
百斤 30 兩的稅項，鴉片貿易自此終於合法化，所以鴉片戰爭終究是
為了鴉片。第二次鴉片戰爭給英國和香港帶來許多變化。英國在中
國的經濟利益中心開始北移，從珠江流域延伸至長江流域。原定由
香港承擔的功能則大部分由上海執行。在政治上，香港不再作為治
外法權的王國首都。香港總督不再兼任駐華公使。關於領事裁判權，
原來兼任控訴院的香港最高法院也將這個職份交還給各條約港。（在
中國的最高法院的條約港在 1863 年完成設立。）從今以後，香港只
是純粹作為英國屬地，與治外法權下的條約港之間作出分工，共同
為英國擴張在華利益作出貢獻。

　　最後附記，《北京條約》擴大了香港領土。根據條約，九龍半島前段的四哩地納入香港。加上這個部分之後，香港的港口裏外都變成英屬內海。在九龍這個部分上也漸漸擴充港灣設施，發展成為可以補足維多利亞港的繁華城市。

香港的經濟發展

一、英中關係

　　在本章第一節，我們了解截至香港被割讓以前的英中關係，第二、第三節則回顧香港被佔領以及成為殖民地的過程。這一節將探討 1860 年代到 1890 年代香港經濟在正常發展時期下的問題。這個時期英國在對華關係中，擁有其他列強不可媲美的獨佔性地位，而香港也在中英貿易間發揮了最為重要的作用。這個時期以後，英國忙於與新興勢力競爭，香港的重要性也逐漸被上海取代。

　　首先，我們先概觀 1860 年代以後 30 年來的英中關係。1850 年

(道光三十年) 到 1864 年 (同治三年) 這 15 年間，太平天國之亂這
場革命運動衝擊了中國的舊制度。太平天國在中原極盡猖獗，曾國
藩的弟弟曾國荃率領湘軍攻陷南京，洪秀全自殺，太平天國終被鎮
壓。至 1890 年光緒帝即位為止[19]，恭親王及文祥，以及平定太平天國
的功臣包括曾國藩、左宗棠、曾的繼承人李鴻章等有別於八旗軍的
新軍閥，指導着中國的政治。這些新軍閥的目的，與太平天國的革
命思想相反，他們希望用儒家道德來教育人心，振奮士風，復興瀕
臨滅亡的清朝。尤其曾國藩希望以昔日禮樂作為軍隊的精神基礎，
其代表產物即為以宗族鄉土觀念來加強軍隊團結的湘軍。與此同時，
對抗外國勢力入侵應採取富國強兵的策略，關鍵是培養勢力與之對
抗。這個可稱作自強的政策方針，首先須吸收西方文化中的軍事部
分，引進外國武器、招聘外國軍事教官，並且在達成自強之前恪守
條約，重點是避免戰爭。中央的恭親王、文祥和地方的曾國藩、左
宗棠、李鴻章等都一致採取這種政策。於是在 1861 年 (咸豐十一年)
政府招聘外國教官，開始在天津訓練新軍，同時透過總稅務司赫德
(Robert Hart) 購入炮艦，在北京設同文館開始講授新學，接着新軍
閥着手開設機器局、船廠、海運公司、電報局，經營紡織工廠、礦山。

19　譯者按，原文如此，直譯。然此說有誤，光緒帝載湉於 1875 年被立為帝，至 1889
　　年親政。

　　然而，在儘可能避免與外國衝突的這個關鍵時期，不管清朝有
何外交政策，列強侵略中國的勢力也越來越強，大小紛爭接踵而至。
清朝一步步向外國屈服，勉強避免了將全國捲入大規模外患之中。
這時，英國依然站在侵略中國的最前頭，緊隨其後的法國則集中在
中國南方擴大勢力。英國在 1874 年 (同治十三年) 遣送測量隊往雲
南，然而，書記官馬嘉里 (Augustus Raymond Margary) 的數名隨從
在該省騰越地區被當地居民殺害。這個事件被英國視為大事，後派
艦隊前往直隸灣恫嚇北京政府。1876 年 (光緒二年) 雙方簽訂《芝罘
條約》。根據這個條約，中國將宜昌、蕪湖、溫州、北海、重慶列為
開放港口，允許英國領事常駐，並允許英國汽船停泊於大通、安慶、
湖江、武穴、路溪口、沙市。後來，英國於 1886 年將緬甸合併成為
印度的一部分。至此，英國可以沿着揚子江的公路擴張勢力，背後
則可以從緬甸經雲南通四川而建立自己的勢力範圍。英國在所謂「從
揚子江到印度洋」的標語下，一直推進對華的西南政策。現在的「緬
甸通道計劃」也是從 19 世紀末由仰光的工商會議提議，變成從仰光
經由雲南至四川的鐵路建設計劃。

　　英國與法國同時着眼於中國的西南邊境。1883 年安南的黑旗軍
與法國軍隊對抗，引發中法之間再啟戰端，1884 年法國艦隊在福建

馬江擊敗中國海軍；法國軍隊在陸上則攻佔了諒山、鎮南關、龍州，並於 1885 年在天津簽訂《中法新約》，中國承認安南為法國保護國，同時約定諒山以北兩處為開埠。至此，法國在中國西南地區獲得了立足點，開始努力追迫英國勢力。但是，這時英國尚不容許其他國家進迫，並作為諸國威逼北京政府的先鋒，不斷打開中國沿岸各個港口及揚子江流域諸城市以利貿易，並以治外法權為基礎，持續爭取外國權益。英國對自身工業發展較有信心，高舉自由貿易旗幟，讓諸國列強也可同享利益。可以說，此時英帝國主義在遠東地區達到了全盛期。

二、香港之富的成立

以下討論香港的經濟發展。從 1841 年以後到 1890 年代，香港的經濟發展可分為兩個時期。由 1841 年到大概 1860 年代，是香港之「富」的基礎形成時期。1890 年代起，香港成了標榜自由貿易的英國的基地，在這時期最能發揮其功能。

首先，看看第一個時期的大概情況。從人口來看，1841 年有居民 7,400 餘名，1845 年為 24,000 人。之後太平天國之亂爆發，中國

南方各地很多人逃難到香港，1853 年人口達 40,000 人，1855 年達
73,000 人，如加上九龍半島的人口，1860 年是 95,000 人，1866 年
逾 115,000 人。從出入船舶來看，1844 年是 189,257 噸，1866 年增
加十倍，達 1,891,281 噸。另外，香港政府的年收入在 1844 年不過
區區 63,769 英鎊，1866 年激增至 769,077 英鎊。

早期香港的歷史學家施爾 (G. R. Sayer) 在 1862 年對香港都市
輪奐之美漸漸完備有如下描述：

> 有賴於各家英國公司的捐獻，香港的街市中不論公
> 共或半公共的建築物依次落成，都市的美麗也漸漸顯出輪
> 廓。尤其 1862 年是建築業最鼎盛的一年。畢打街坡上的
> 鐘樓、大會堂及其外顛地洋行的噴水池、西角的海軍大
> 樓，都在這一年竣工或興建中，它們全都出自建築師 Mr.
> Rawlings 的手筆，由英國市民捐贈而成的。[20]

那麼，香港的「富」是如何積累的呢？

20　Sayer 前揭書，頁 196-197。

不要忘記，初期香港財富增加主要來自鴉片貿易以及輸出中國的勞動力。令人十分震驚的是，英國在中國的經濟活動，並非始自入口棉製品或鐵製品，而是始自掠奪性的鴉片貿易和移民買賣。但亦正因如此，香港才可以在極短時間內積累龐大財富。在上文已述的鴉片貿易，如何使香港積累財富？以下舉幾家當時英國代表的公司就可清楚了解。現在香港最大的公司怡和洋行，由東印度公司的船醫威廉‧渣甸（William Jardine）創辦，向來以作為香港開埠的歷史淵源而自傲。然而，當時渣甸是鴉片商人之首，在鴉片戰爭前已被廣東官吏稱為「鐵頭老鼠」，列入黑名單。在不到 20 年內他已積累了百萬英鎊的財富。另外，顛地洋行在初期的香港是僅次於怡和洋行的大商人，在鴉片戰爭中也曾被廣東官吏捉拿。而現時在上海和香港頗有勢力和名氣的猶太人財閥沙宣洋行，原來也是印度鴉片商人，後來移居上海，並接手了很多事業。

中國移民的事情前文已作簡單交代，特別是從 1840 年代開始，北美、澳洲、南美的開發漸盛，大量吸納中國勞工。1848 年加利福尼亞州發現金礦，開始開發美國太平洋西岸。1851 年，澳洲、新西

蘭也發現金礦，這使英國領土的開發速度突然增加。[21]

　　另一方面，中國內地面臨天災、饑荒、官僚苛徵之禍，加上戰亂，令大量農民離鄉別井，外出尋找活路。這些非常便宜的勞動力比白人更受澳洲和美洲歡迎。（19 世紀後期，澳洲、北美成為白人的殖民地，並對中國移民緊鎖門戶。）中國移民從 1840 到 1850 年代開始增加，至 1860 年代因美國的礦山開發和鐵路鋪設熱而達到頂峰。這 20 年間輸入的中國移民為船舶業者累積了極大的財富。1851年，即加利福尼亞淘金熱的第二年，香港有 44 艘船隻開往加利福尼亞，據說由此獲得 150 萬兩的運費收益。[22] 這筆收益不單是一等船客的支付所得，也從包括猶如貨物的中國勞工那裏得來。

　　這種掠奪財富的方法，在初期香港粗野、喧囂不止的品性中多少能顯示出來。儘管香港在不斷發展，但在 1860 年代這個城市仍然是一個十分喧鬧的殖民地都市。1859 年的倫敦《泰晤士報》對香港有如下報道：

21　十分有趣的是，加州和澳洲分別被中國人稱為「舊金山」和「新金山」。因為加州的舊金山先發現金礦，後來澳洲墨爾本又發現金礦，中國移民都是衝着金礦而去的，故有此說法。

22　W. A. Wood, *A Brief History of Hong Kong*, 1940, p.68.

香港不斷爆發讓人束手無策的惡疫、有欠體面的戰爭、可恥的內部爭吵。因此這個不安定且充滿爭吵與不滿的小島不可能獲得高雅之名，為人所忌憚也是無可奈何。總督以健康靜養為名遠避他方，副總督被控訴以權謀私、榨取民脂民膏。新聞發行人最近都在彈劾官吏，狀告並將其入獄。公司的主要人物，在土地糾紛中超然而立，威容以正，然而他們原來正是禍首。城市中部分人正在以人身攻擊為業，報紙也獲取情報而將其公之於眾。香港需要獨裁者，需要既有理性又有才幹的剛毅人物。陶瓶中的茶葉每一片都自有其名譽，而其名譽正遭受損毀，陶瓶中因此便起了騷亂。故不得不進行年中調查。[23]

事實上，香港的確是紛爭不斷之地。尤其在香港建設初期，總督和英國商人之間的爭端十分激烈。第二代總督砵甸乍和第三次總督戴維斯都曾因為租稅問題與香港居民起紛爭，名聲極差。例如，以勿地臣為首的商人一早就向本國政府送遞彈劾戴維斯總督的陳情書。本國議會於 1848 年成立特別委員會調查香港實情。在此我無法

23　*A Brief History of Hong Kong*, pp. 80-81.

追溯這些紛爭的經過，只不過讓大家認識到現時在遠東英國殖民地中，最為勢利的英國商人初期也在吵架和不滿中度日。當時的英國商人認為，所謂自由貿易應該是不需課稅，並且能自由將鴉片運入中國內地。因此，不管這些聽起來多麼沒道理，但他們卻有自己的主張，而香港也正因如此才得以積累財富。

另外，引致香港紛爭和不安的另一大原因，是英國人和華人之間互相傾軋。在香港的英國人多少有幾分當時殖民地的野性，而華人也絕不是和平柔順的民族。在初期香港居民中，客家、蜑民之類的特殊民族，也有海盜走私者，他們將很多不甚體面合法的風俗習慣，或者如販賣人口、賣淫、賭博等刑事犯罪帶入香港。

故這些華人在已成為香港居民的英國人支配下生活，在完全甘心接受新殖民地經濟社會秩序前，和英國人發生傾軋摩擦實屬必然。

這些傾軋首先在反抗香港政府干涉中國原居民的生活習慣上表現出來。華人對政府嘗試進行人口調查、衛生設施、經濟法規施行等反抗甚烈，甚至引發罷工。舉例說，1844 年總督戴維斯為香港居民登記，企圖課以人頭稅，香港居民奮起反抗並實行總罷工，當時約

有 3,000 名華人離開香港，商業活動停止，引起社會大混亂。在香港的華人並非一開始就充滿愛國心，毋寧說他們是反抗清朝的禁令而願與英國協作。然而，廣東反英氣焰高漲，反過來也影響在香港的中國居民，以致他們也有反英陰謀。1857 年第二次鴉片戰爭之際，發生了諸如放火、麵包店投毒殺害英國人等事件，令社會甚為不安。

三、香港經濟的確立

如前所述，香港財富基礎的形成時期，即這個充滿爭吵喧鬧的時代大概在 1860 年代中期結束，之後香港便開始正常經濟生活的時代。這個時代在香港的英國企業將積累的財富投資到重要的經濟部門，包括海運及造船業。初期的投資就從這些部門開始。1865 年，香港廣東澳門汽船公司（Hong Kong, Canton & Macao Steamboat Company）及香港黃埔船塢公司（Hong Kong Whampoa Dock Company）成立，是在香港法規下最早成立的企業。但兩者在香港開埠以前是以個人企業存在，後採取英國商人資本加入的公司形式。直到現在，前者負責香港、廣東、澳門三港之間的航運，後者則與

太古船塢一樣，成了香港最大而且活躍的船廠。1866 年 [24]，香港上海滙豐銀行以存入 250 萬本金開行，後來漸漸加入繁雜的貿易金融和匯兌業務。當時它由香港重要的商人制定計劃成立，現在其董事會仍是由香港重要公司代表所構成。眾所周知，香港上海滙豐銀行從 19 世紀末直至今天，一直對中國經濟發揮着重要作用。

　　另一方面，香港華人也漸漸形成富人階級，這些人以買辦商人為中心。如前所述，英國人在廣東商館進行貿易的時代，只允許與握有十三行特許的商人進行貿易。在英屬香港進行與中國之間的貿易自然就廢掉了這些拘束。然而，大部分英國商人不懂中文，不了解華人的需要、嗜好和商業習慣，也不了解中國商品上市的狀態，故很需要對華貿易的中介者。買辦（comprador）便填補了這個需求。漸漸地，這些買辦在香港華商中都成了最有勢力的人，不單在香港，在中國許多港口城市都普遍扮演着重要角色。

　　據說買辦是由葡萄牙語「買」（compra）這個詞語而來的。與中國貿易，尤其是以茶葉為主要進口貨物的時期，可以看到這些特殊

24　編者按，香港上海滙豐銀行成立於 1865 年。

中介商人的活躍程度。後來，買辦不僅在進出口貿易，也在金融、海運或製造業方面扮演着外國商人對華事業中不可或缺的角色。買辦與外國商人之間是承包制的關係。買辦稱外國僱主為大班，而他們也有自己聘請的工人，擁有自己的營運資金。不論出口貨品至中國，或從中國進口貨品時，由販賣到收款也有買辦代為支付或代付費用等。因此，大班往往只需要尋找合適組織的買辦，便可透過少量的人員和資金做出大手筆的事業。因此，買辦即使不是合夥人、共營者，但也絕不是普通的僱傭人，而是世襲地握有外國商館代表權的人物。

如此，買辦就成了香港中國居民的巨富代表。有着普通中國商店店東難以比擬的崇高地位。領導英國公司的大班與買辦分別作為香港企業社會中英國和中國雙方的代表，又是互為表裏的階層，在1840 至 1860 年之間不斷成長。

洋涇濱英語 (Pidgin English) 作為現時香港下層社會的英語是眾所周知的事。這種語言在起初就是「大班」與「買辦」之間的對華用

語，即這個時代的英中貿易產物。[25]

現在我們可以大概看看這樣成立起來的香港社會。如前所述，站於最上層的是英國貿易商的大班，他們代表了那時因為鴉片與茶葉買賣而積累的巨賈，如今以自有的船舶來往香港與上海及香港與加爾各答之間那些猶如王侯般的商人。與此相比，佔香港人口百分之九十九的華人，大多數為英國人工作，或擔任僕婢，或做小商人，這些華人既與英國人沒有關係，本身也不是香港市民。1841 年香港成為英國領土時，義律上將發佈公告：「香港本土居民和移居香港的華人應遵從中國的法律及習慣。」這個公告的原則直到現時仍然存在。其後，儘管產生了種種關係，但在香港社會中，英國人和華人，不要

25　上海的美國英文報紙 *China Press* 的記者卡爾‧克勞 (Carl Crow) 認為 "pidgin" 是 "business" 的廣東話方言或錯誤發音。

Taipan: "How fashion that chow chow cargo he just now top godown inside?"

Comprador: "Lats cargo he no can walkee just now. Lat man *Kong Tai* he no got ploper sclew."

上文對話改成正式英語，應該是：

Taipan: Why is the shipment of mixed cargo (chow-chow) was still in the godown (warehouse)?

Comprador: The cargo would not be moved (walkee) because the security (sclew) of *Kong Tai* was not in order.

這個意思是：

大班：「為何這些雜亂的貨物還不入庫？」

買辦：「康泰號的證書未準備妥當，因而動不得。」

這個奇妙的中英混合語，與考察期發生的歷史和中英關係的性質一起思考，一方面表現了香港這個中英混合社會的模樣，具有很生動的現實性。同時，這個語言的畸形存在，恰恰反映了香港社會的畸形狀況。Carl Crow, *Foreign Devils in the Flowery Kingdom* (New York: Harper & Brothers, 1940), p.35.

説 1879 年代，即使到了今日，也是兩個並立的團體，絕非渾然一體。

　　因此，結合了英國人和華人之間的所謂買辦階層誕生。然而，買辦與大班的生活也沒有任何政治或文化上的關係。他們所接觸的不過是商業的一面罷了。這不僅是 1870 年代或 1880 年代的情況。綜觀香港百年歷史，中英之間的接觸從來沒有超出經濟範疇。因此，即使後來立法委員會裏華人議員人數有所增加，但這不過是給予這些英國化了的香港華人一些政府的名譽職位，讓他們作為聯絡員而已，絕不是想實行英國人和華人的共同政治。1889 年，錄取華人和英國人學生的商業教育機構皇仁書院（Queen's College）成立，後來成為了香港大學。[26] 這個學校也只是為了培養香港公司的職員、政府管理人員或者培養醫生，在中英文化交流方面，直到現在也並沒有甚麼作用。

　　而單就商業社會而言，英國人商業圈和華人商業圈之間雖有所謂買辦存在，然而兩者也截然有別。1883 年到 1885 年，總督寶雲（Sir George Ferguson Bowen）[27] 為了增加政府財政收入，希望使華籍

26　譯者按，原文如此，這處史實有誤。
27　譯者按，原文作 Sir Roleert Bowen，有誤。

商人亦沿用類似英國人的商業法規、或進行中國商店登記、或命令他們使用專為商行使用的契約印紙，然而因為華籍商人強烈反對而未能成功。結果，英國商人用英國的方式，而華籍商人還是用中國的固有方法。兩種商業經營方式並行不悖。

這是 1870 年代暫時形成的香港社會。然而需要注意，和買辦階級並行的華人新知識型職業，和律師、醫生等亦漸漸產生，他們當中的有名人士也同樣在英中之間扮演着紐帶的角色。駐美大使[28]、同時也因作為《下關條約》的中方代表而為人所知的伍廷芳即出身廣東省，剛移居香港時曾當律師。[29] 又有醫生如何啟之類，也在當時香港扮演英中人士的仲介者而讓人留下印象。

四、香港貿易的動向

想看清楚 1860 年代到 1890 年代的英中貿易和香港發展並不容易。這個時期的英中貿易統計數據不甚完全，香港的貿易統計數據在 1930 年初才開始對外公開。但是，這個時期是英國對華貿易史

28　編者按，原文為駐美大使，並不正確，應是駐美公使。
29　編者按，原文如此，這處史實有誤。

上的全盛時期，也是香港得以在中英貿易中發揮最大意義的時代。據里默（C. F. Remer）的記載[30]，中英直接貿易在 1860 至 1875 年間，佔中國貿易總額 40% 以上，到 1877 年則佔 30% 以上，1889 年佔 20%，19 世紀末則約為 12%，即對英直接貿易不斷遞減。但這並不意味着英中貿易下降，而是通過香港的貿易增加。1870 年代，中國進口下降的 90% 中，部分是從香港、印度和英國而來，而中國出口的 70% 也是前往這三地。香港和英國本國合計的話，大概在 1870 年代初期是中國貿易總額的 80%，但單就香港而言，其佔據中國貿易的份額，大概從 1871 年的 24.4%，增加到 1884 年的 33.8%，再增加到 1885 年的 33.1%、1887 年的 46.8%、1893 年的 48%，這樣持續地增加，直到 1898 年則是 42.1%，顯示趨勢開始下降。當然，各年度數字的計算方法之間也有相當變化，不能將這些數字當作絕對正確來看待，也不能把各年度的比例絕對化來看待。但不管如何，從 1860 年開始到 1890 年，香港在對華貿易中的位置持續上升，並達到 40% 以上，因此作出這樣的結論應該沒錯。

從實際數量來看，香港與中國之間的貿易也是逐年增加，1871

30　根據 *The Foreign Trade of China* 及 *The Foreign Investments in China*。

年是 33,417,000 海關兩、1884 年是 47,288,000 海關兩、1885 年
是 57,110,000 海關兩、1887 年是 88,032,000 海關兩、1893 年是
128,637,000 海關兩，而 1898 年是 99,827,000 海關兩。[31]

另外，香港和中國以外各個港口的貿易也在這個期間有所增
加。但我們未能掌握增幅的數字，只能舉一些例子以觀察香港繁
榮的情況，包括出入船舶和人口的數字。出入船舶在 1866 年是
1,891,281 噸，1888 年約 6,000,000 噸，1891 年是 10,278,943 噸。
人口在 1866 年是 115,098 人，1888 年約 200,000 人，1891 年則
為 224,814 人。另外，香港政府的年收入在 1866 年是 769,077 鎊，
1891 年增加到 2,025,303 鎊。

在貿易商品方面，香港保存的記錄不多，但一般中國貿易的記
錄，大致上也能適用於討論經香港的貿易。1870 年中國的進口總值
中，鴉片、棉製品（棉絲）、其他（毛織品、金屬、雜貨為主）的比
例各佔三分之一。1878 年是鴉片 45%、棉製品 23%、其他 32%；

31　這些數字都是根據里默所記，他的計算以中國海關統計為基礎。如前所述，香港作
　　為中國南方走私的根據地，其與中國之間的貿易以走私形式進行的數量頗為可觀。
　　這些走私貿易沒有包含在中國稅關的數字裏，因此上述的數字應補充走私貿易的數
　　量。但我們並沒掌握這些數字，只希望讀者能記得香港與中國之間的實際貿易額要
　　比這個數字大得多。

1885 年以後鴉片和棉製品總計為下降總額的 5%。1885 年以後，鴉片的進口出現下降趨勢，棉製品的入口則一直攀升。1898 年，中國的鴉片入口額為 2,900 萬兩，為總入口額的 14%，棉絲是 3,900 萬兩，其他棉製品 3,800 萬兩，合計佔總入口額的 37%。如果說鴉片是中國中前期進口的代表商品，棉製品則是後期的代表商品。在這個時期開始基本是位置顛倒，後期變得越來越明顯。但是，在 1885 年以後雖說鴉片貿易的重要性相對減低，但其絕對值只不過下跌三成，其後一直到世界大戰都維持這個水平，因此不能忽視其重要性。香港是用帆船運送鴉片的中心地，計算起來，這個期間的中國鴉片進口總額有三分之一是經香港而來的。

另一個特殊貿易是所謂的苦力貿易或集團移民。1875 年，澳門禁止苦力貿易，其後只有個別移民出國。進入 1870 年代，美國和澳洲都有排華運動，華人受迫害的事件頻生。1890 年代，美國和澳洲甚至禁止中國移民進入國門。

關於這個期間香港經濟發展值得一提的是，蘇彝士運河於 1869 年開通。1870 年 50 萬噸的船舶通過該運河，1884 年這個數字增加到 600 萬噸。1880 年中國對歐洲的貿易基本上都是經蘇彝士運河。

從香港通過這條運河到倫敦的距離，比經由好望角要縮短 25.6%；
上海與倫敦之間縮短 4.1%。另外，1871 年 6 月上海與倫敦之間開
通電信。

開通運河自然為香港貿易和出入船舶帶來可觀增長，然而，在
中國的外國商人地位發生極大變化也不容忽視。首先，運河開通以
後，有利於汽船在東洋航線上行駛，汽船的數目因而激增。1868 年
至 1869 年間，從外國進入中國稅關的各個港口的汽船和帆船總數約
為 7,000 艘；1875 年汽船是 11,000 艘（800 萬噸），帆船則減至 5,500
艘（150 萬噸）；1884 年汽船是帆船數的 4 倍，噸位數則是 17 倍。

這雖不能僅僅歸功於運河開通，但其結果是擁有大汽船的船舶
公司地位顯著增強，給擁有大倉庫可儲存大商品、被視為猶如王侯
的香港貿易商的地位也帶來了變化；加上電信發達，歐美商人在中
國經由代理店或者分店進行貿易也變得十分容易。

香港的英國商人在 1870 年到 1900 年間皆面臨競爭加劇和利
潤減少的困境。他們於是漸漸順應條件變化調整方向。最著名的
是太古洋行和怡和商行（Jardine Matheson）轉向發展中國沿岸內海

航海業，並建立了牢固的地盤。1873 年，太古洋行的子公司中國航業公司（China Navigation Company）創立，1881 年怡和商行設立印度中國航業公司（也稱怡和輪船公司，Indo-China Navigation Company）。不必贅言，這兩家公司在事變前一直掌握中國沿岸及揚子江的航運霸權。原來在中國的英國公司順應新條件，以從前積蓄的資本投資於各個產業，與新來的歐美大公司分店對抗。關於這一點在其他時期的情況則留待後面再談。

香港的衰退

一、英中關係

接下來這個期間，香港對中國貿易的重要性開始下降。直至 1890 年，香港在中國的外國貿易中仍然佔 40%，1902 年開始一直下滑，1913 年已跌到 30% 以下。上海的急速發展以及 1907 年以後大連出現，使香港作為中國最大貿易之門的地位也漸漸讓與新興各港口。反英罷工使香港遭遇最大危機，1926 年甚至令份額跌到

11%。英日貿易在中國對外貿易中所佔份額也同樣一路減少。英國
本國在中國貿易所佔的份額從 1899 年的 12.8%（5,400 萬海關兩）下
降到 1913 年的 11.6%（1,130 萬海關兩），雖然份額大致沒有變化，
但英帝國整體的相對重要性則發生重大變化，從 1870 年初期的 80%
下降至 1890 年代末的 60%，再到 1913 年的約 50%，而到 1930 年
代則下降到少於三分之一。

以下先從中國的一般情勢來進行觀察。這個時期是歐美列強侵
略中國最為猖獗的時期。清朝雖然在同治年間多少顯示一點中興之
氣，排斥頑固的排外主義，力圖自強，但進步派與守舊派的傾軋十
分激烈，中日甲午戰爭之後以西太后為中心的守舊派受挫。在光緒
皇帝和康有為的內政改革嘗試失敗，即所謂的戊戌之變後，西太后
一派擅權，在 1899 年導致了義和團事件。從那以後清朝的崩潰加
速，以孫文領導的國民黨前身 —— 同盟會為中心的革命運動在 1911
年顛覆清朝。

在這個時期中國的對外紛爭首先要從 1894 年的中日戰爭開始。
正如當時中日戰爭後《下關條約》進行三國干涉事件，歐美諸國在中
國爭相擴張勢力範圍、互相牽制，在難免倒台的清朝裏爭奪利益和

領土。1896 年，俄國與李鴻章簽訂俄中密約，把滿洲納入其勢力範圍，英國則把長江流域以西納入其勢力範圍，同時租借威海衛和九龍半島。德國則以 1897 年傳教士在曹州被殺為借口租借膠州灣。法國也於同年與清朝約定海南島的不割讓協議，並租借廣州灣，又把雲南和兩廣納入其勢力範圍。

從英帝國主義的立場來看，英國從前在中國的獨佔地已在經濟上受到競爭者威脅，故不得不改變其在中國的活動模式。在經濟方面，英國地位的變化首先體現在貿易上，尤其在對中國入口方面失去優勢。英國在對華貿易份額的減少一如前述。英國被迫放棄獨佔中國市場的想法。整個 1800 年代，英國在貿易上最關注的，是英中條約裏規定必須開放的條約港以及從中獲得的其他貿易權利。然而，自 1890 年代開始，英國的經濟活動轉移到對中國的投資上。英國對中國政治貸款的機關 ── 香港上海滙豐銀行首先在 1875 年向福州借出 54 萬鎊（172 萬兩）。1877 年，為鎮壓回教徒叛亂借出 60 萬鎊。1892 年[32]，中日甲午戰爭以後對中國貸款的規模逐漸增加，開始步入真正的投資時代。香港上海滙豐銀行不僅向政府借貸，1898 年

---

32   編者按，原文作 1892 年，應為 1894 年後。

更與怡和商行合作成立中英公司（British and Chinese Corporation），
協助中國鐵路鋪設和產業開發。

　　至於在私人企業方面，則有怡和紡織、英美煙草公司、開灤礦
業等各種產業的投資。根據里默的統計，1931 年在中國外國投資總
計的 496,600,000 鎊中，英國的份額是實業投資 198,000,000 鎊，政
府借款 46,000,000 鎊，共計 244,000,000 鎊，佔總數 49%，日本及美
國都難以企及追隨。英國深以其地位為傲。[33]

　　在政治方面，英國面對日本勢力擴張，俄國南下和德國東漸，
也無法再安於以往的獨佔地位。這一方面的英國政策轉向則體現在
實現勢力均衡的方針之上。英國與中日甲午戰爭的勝方 —— 日本組
成同盟國，以俄國和德國為假想敵，於 1902 年成立英日同盟。在第
一次歐戰中，英國雖然暫時制止了正面敵人德國的入侵行為，然而
卻同時對日本在東亞的勢力擴張感到不安；而且美國不論在戰略上、
政治上還是經濟上均顯示出有一躍而起、凌駕英國的態勢。這些勢
力關係的變化，需要被重新平衡，尤其為了阻止日本的快速發展，

33　*The Foreign Investments in China.*

1921 年的華盛頓會議促成了與中國相關的《九國公約》。滿洲事變以後，《九國公約》體制加速崩潰，英國勢力急劇衰退。儘管如此，英國為了保護殘存勢力仍舊進行執拗的糾紛，而這正是現在眼前所見的情況。

此時，於 1925 年到 1928 年發生的反英運動，使英國的地位十分危險。一直以來，英國對於國民革命、尤其是國民政府皆不表同情。英國採取的方針是在革命後招攬各地新興的軍閥如吳佩孚、陳炯明之流成為英國的傀儡，故對國民政府的全國統一多有妨礙。然而，在 1925 年以後，國民政府的北伐同時掀起了猛烈的反英運動，1926 年在香港發生罷工罷市甚至引起英國大本營前所未有的恐慌。1928 年以後，英國對國民政府的政策發生了很大的轉變。在駐華英國公使藍浦生 (Sir Miles Lampson) 的指導下，英國向國民政府作出諸多讓步，例如給予關稅自主權、歸還威海衛等，致力將反英浪潮一轉而為反日情緒。另外，又在「七七事變」後建立援蔣活動基地。1931 年後的發展觸及後段歷史，在此先看看 1890 年到 1930 年香港的情況。

二、香港的危機

　　我們以下概觀這個時期的開始與終結，都以華人對英國人的反抗為主線。最初的英中衝突發生於 1898 年，是與租借九龍半島同時發生的。這一年英國以領土防衛為名，迫使北京朝廷同意租借深圳河以南的九龍半島及馬士灣[34]、深海灣[35]的島嶼 40 餘個及其海洋，租期 99 年。其時正值義和團拳匪之亂的前一夜，全中國的排外氣氛十分高漲。對於新領土的蠶食，香港地方的居民非常激憤。加上英國對於租借地界的劃分，主張深圳河左岸，把深圳及沙頭角的街市都編入英屬，紛爭遂起。本應在 1898 年 7 月接收的新租借地，直到翌年的 4 月才接收，在接收當日更在九龍各地發生英國官吏與中國民眾的衝突。反抗比較激烈的是錦田，英軍爆破這個村的城牆當作戰利品。這件事據說成了當時較缺乏新聞的香港之一件大事。

　　在香港新領土上爆發的騷亂傳到全中國並挑起了一般民眾的排外心理。這股排外心理在 1900 年拳匪之亂時達到巔峰。但是，

34　譯者按，Mirs Bay 今稱大鵬灣。
35　譯者按，Deep Bay 今稱深圳灣或后海灣。

在拳匪之亂的漩渦中，香港反而成了比較平靜的地方，那些害怕受拳匪迫害的中國基督教徒皆逃到香港。1901 年到 1903 年，香港人口增加了 56,000 人。（1894 年至 1897 年間，香港每年人口只增加 3,000 人。）

如前所述，香港商人在 1890 年代開始受到外國競爭的威脅。1896 年，香港成立專門調查貿易狀況的委員會，結果確認了日本商品和德國商品的價格總體上比英國商品便宜。德國商品主要可歸類到雜貨、金屬製品；而日本商品則是紡織製品，因為生產成本和運費便宜，比英國商品佔有優勢。相反，英國商品未有考慮東洋市場需求的特殊性而備受威脅。需要知道，香港商人在此時已不單著重開拓貿易市場，也開始轉到事業投資上，並且比中國內地更早一步在香港建立事業公司。在這個意義上，1889 年這一年作為香港代表企業的設立年份，特別值得關注。當然，香港礙於土地與資源的限制，尤其是缺乏工業用水和燃料，尚沒有大產業佈局的條件。不過，在此時設立的企業仍是香港的代表性企業，而且多數能一直延續下去。這些代表企業及其設立年份如下：

表 2-2　香港的代表企業及其設立年份

名稱	設立年份
太古糖廠	1894 年 [36]
香港蔴纜公司	1884 年
九龍倉	1889 年 [37]
青洲英坭	1887 年
香港電燈	1889 年 [38]
置地公司	1889 年

　　從 1900 年開始，香港之於中國及對中國經濟的重要性，在不同角度而言皆一直下降。歐洲大戰之後，中國反英運動勃興，以及香港地位動搖也以十分激烈的形態顯示出來。英國對於 1911 年的辛亥革命沒有絲毫同情。1924 年，孫中山採用聯俄政策，在廣東召開中國國民黨第一次全國代表大會以後，英國利用陳炯明及與其他地方軍閥顛覆廣東政府，並通過香港上海滙豐銀行廣州分行買辦購入武器，號召商人發動反國民政府叛亂。於是，香港和廣東之間的局勢變得十分嚴峻。適逢當時中國各地勞工罷工氣焰高漲，英國領先各國列強力主彈壓。1925 年 6 月，廣東沙面工人罷工，廣東市民和學

36　編者按，原文作 1894 年，應為 1883 年。
37　編者按，原文作 1889 年，應為 1886 年。
38　編者按，原文作 1889 年，應為 1890 年。

生對此予以同情，紛紛在沙面對岸加入示威運動。此時，英法士兵隔着小河開槍，導致工人和學生 52 名死亡、117 名重傷。這件事引起廣東省及香港兩地華人激昂反抗，並發起了長達一年半的大罷工和對香港的抵制。

這次罷工以香港政府與國民政府的妥協告終。然而，這個事件可以說是綜觀香港百年歷史裏華人令英國政府最為困擾的唯一一次紛爭。香港的十萬多工人和僕婢徒步越過邊境前往廣東，香港的外國人企業中 25 萬人放棄工作。香港碼頭沒有船影，棧橋上無任何貨物移動，街市上也無人力車的影子。缺少僕婢的英國人家庭，連主婦都無法自行解決炊事。1926 年，香港在中國外國貿易中所佔的份額也僅有 11%（1913 年為 30%）。

港督謂：「此乃無秩序、無政府之魔爪攻擊代表現代文明標準的我港」。香港的英國人要求當局武力干涉者多矣。但香港當局沒有動用武力，反而收買反國民黨人士，專注削弱罷工罷市的勢力，靜待機會。1926 年 3 月，廣東發生「中山艦事件」，省港罷工委員會及共產黨伸出其肅清之手，英國當局認為交涉時機已到，遂於 4 月開始非正式接觸，5 月廣東省政府主動要求與香港進行交涉，雙方代表

在 7 月展開第一次會面。其後經過多次來回，10 月廣東政府以「國民黨勢力已深入揚子江，今日國內形勢已變化」為由，命令無條件結束罷工罷市。

自此以後，英國和國民政府之間互相妥協的傾向，在 1928 年以後開始逐步明朗化，至 1931 年滿洲事變之後甚至結成對日之英、美、中戰線。在研究處於這個風潮中的香港前，先分析香港現在的各種問題。

三
香港的經濟機構

香港的貿易

一、作為貿易轉運港的香港

　　上一章我們追溯了 1920 年代末的香港歷史。我們將在本章分析香港在東亞為英國所建立的功能和機構。1930 年以後，東亞情勢出現極為不同的變化，香港的機構和功能亦經歷前所未有的急劇改變。為了作出分析，需要選定一個基準年度，並探討該年度香港的機構和功能，另外也需要仔細探討該年度前後的變化。以下所選取的基準年度大概是中日事變前一年的 1936 年。[1] 本章會從貿易、金融和投資三方面，專門探討當中的基礎關係，關於 1930 年代香港的變化則在下一章綜合討論。而本書第四章則作為第二章的續篇。

　　在上一章關於香港歷史的討論中，我們得知在第二次鴉片戰爭後，香港總督、駐華公使和貿易監督官三位一體的制度已被廢除，香港失去了作為英國對華政治活動基地的意義，並作為經濟根據地

1　不過，現在取得的資料不足，不一定能窺視 1936 年度的狀態，深以為憾。我們只能從既存的材料和數字來看，或會有不能統一反映 1936 年基準的情況。

來發展。對香港的性質起決定性作用的，也主要是這些經濟方面的諸種關係。香港的政治最終僅止於島內行政。所以即使忽視了這一點，也不會造成太大的失誤。

香港的特色主要來由其貿易。香港在英國旗下通過貿易構建財富基礎，也因此帶來了現時的繁榮。在香港的產業中，農業和漁業由於本地勞動力供應不足，充其量只是部分華人居民維持生計的職業。雖然工業最近有一定發展，而香港也可稱為南中國海的一個工業地帶，但是如下所述，工業在香港歷史上僅是作為一種附屬而發展起來，其發展比不上貿易，重要性也遠不如貿易。

香港在貿易上的特點是中轉貿易。香港沒有可以作為出口的資源，故其出口的大部分是從外面進口然後再轉出口。香港經過百年發展，取得了中國及南洋物資的世界市場集散地這個特殊地位。此乃受惠於香港擁有地處南中國海岸上天然良港這個優厚地理條件，再加上作為自由港的經濟屬性和安全性。需要注意的是，香港之所以能成為最廉宜的自由港，不僅因為商品進出口免稅，更因為香港努力經營，港灣設備完善，也有船塢及可供利用的華人勞工。

香港的貿易可以分為以下四種：一、香港本地產業，即為香港
本地消費（包括工業原料進口）而進口，以及香港本地製品的出口；
二、中國與外國貿易的中轉站，即入口中國物資再出口外國，以及
入口外國商品再出口中國；三、中國沿岸貿易的中轉，即從中國某
地入口物資，再出口中國其他地方；四、外國的貿易中介，即從中
國以外的國家入口物資，再出口到中國以外的國家。

以上四項佔香港貿易的比重，在中日事變前的狀態大體如下：
進口方面，本地消費的進口佔三分之一，當中從中國入口的佔四分
之一，從中國以外國家地區進口的則佔四分之三。出口方面，當中
有十分之一是香港製品，另外十分之九，就是將上述進口物資的三
分之二再出口。因此，再出口中有 10% 是銷往中國沿岸貿易，20-
25% 是與外國之間的中轉貿易，剩下的 70% 即是通過香港把物資在
中國與世界市場之間流動。[2]

從以上這些數字可以清楚看到，對於香港的中轉貿易來說，中
國的資源以及市場為第一首要，而香港在中國以外諸國之間的貿易

---

2   上述估算根據 *Annual Report on the Social and Economic Progress of the People of
Hong Kong*, 1938, London, 1939, pp. 64-65。

中，也扮演着不可忽視的角色。所謂中國以外其他諸國之間的貿易，主要指包括南洋在內的其他國家的中轉貿易，比如進口泰國和法印的稻米再出口到日本和菲律賓。又比如將美國的小麥中轉至泰國，或把日本的棉絲布、人絹製品、雜品等再出口到法印、泰國、馬來亞、荷印等。

如果逐個審視香港的貿易對手，在 1936 年度香港的入口對手中，中國佔入口總額的 33.6%，英帝國為 13%，日本以 12.8% 直逼英帝國。接下來還有荷印（8.5%）、美國（7.1%）、泰國（6.6%）、法印（5.7%）、德國（5.2%）、比利時（1.5%），其餘諸國合計 7.7%。在英帝國中，英本國佔 6.4% 為最多，其次為澳洲（2.0%）和印度（1.3%）。在出口方面，中國排第一位（42.7%），其次是英帝國（17.6%）、美國（8.1%）、日本（5.1%）、法印（5.0%）、泰國（4.1%）、澳門（3.7%）、菲律賓（3.3%）、廣州灣（3.0%）等，其餘諸國合計 9.7%。英帝國內馬來亞佔 7.3%、英本國佔 3.8%，印度佔 1.4%。[3]

再來研究一下香港與這些主要對手之間的貿易概況。在 1936 年

3　同上，頁 72-73。

度，各對手分別入口及出口的實際數目及其主要內容如表 3-1 及表
3-2 所示：[4]

表 3-1　香港與各貿易對手的入口概況

對手	主要項目	金額（單位千港元）	項目中的主要商品
華北	總額	70,233	
	絲及紡織類	23,810	達到四十號的單雙棉絲、人絹、絹織品、未曬斜紋卡其布（drill）、及斜紋棉布（jeans）
	食品	13,984	茶、麵類、黃豆、綠豆
	中藥	8,615	
	油類	6,951	桐油、花生油
	種子類	3,621	花生
	煙草	2,300	煙葉
	燃料	1,839	瀝青炭
華中	總額	7,167	
	食品	3,775	茶

4　*Hong Kong Trade and Shipping Returns for 1936*、*Hong Kong 1937* 及 *Hong Kong Blue Book for the Year 1936*、*Hong Kong 1937*。這些數據由香港政府刊行。在貿易統計方面，需要注意關於華北、華中、華南的區分。華北是哈爾濱、滿洲國、大連、秦皇島、天津、芝罘、威海衛、青島、上海、鎮江、漢口及其他揚子江諸港，包括寧波和溫州。華中是汕頭、廈門、福州。華南則包括廣東、海口、江門、梧州、瓊州、雲南。

續上表

對手	主要項目	金額（單位千港元）	項目中的主要商品
華南	總額	74,643	
	金屬類	20,855	錫塊
	食品	14,239	茶
	油類	6,974	桐油
	礦物類	2,490	鎢原礦
日本	總額	58,039	
	絲及紡織類	28,854	達到四十號的單雙棉絲、人絹、poplin雜染棉布
	燃料	6,003	瀝青炭
荷印	總額	38,334	
	食品	18,391	粗糖、白砂糖
	油類	17,275	燃料油、燈油、汽油、花生油、汽油
美國	總額	32,181	
	油類	6,802	汽油、燃料油
	紙類	5,807	
	食品	3,541	小麥粉
	金屬類	3,125	錫板
	中藥	3,059	朝鮮人蔘
	交通工具	2,296	飛機、汽車
	煙草	1,115	煙葉

續上表

對手	主要項目	金額（單位千港元）	項目中的主要商品
泰國	總額	29,780	
	食品	25,399	白米、糯米、碎米
英本國	總額	29,008	
	絲及紡織類	8,498	
	金屬類	3,807	
	機械類	1,983	
	酒類	1,697	
	食品	1,412	
	化學製品藥劑	1,225	
	染料及糅皮劑	1,182	
	交通工具	1,006	
法印	總額	25,760	
	食品	19,818	白米、玄米
	中藥	1,180	
德國	總額	23,617	
	肥料	5,224	
	機械類	2,365	
	交通工具	2,244	飛機、機動車
	金屬類	2,185	
	紙類	1,780	
	染料及糅皮劑	1,747	

續上表

對手	主要項目	金額（單位千港元）	項目中的主要商品
	化學製品藥劑	1,607	
	金物類	1,520	
澳洲	總額	9,114	
	食品	7,085	
印度	總額	5,753	
	中藥	1,628	
比利時	總額	6,599	
	金屬類	3,014	
入口總額		410,228	

表 3-2　香港與各貿易對手的出口概況

對手	主要項目	金額（單位千港元）	項目中的主要商品
華北	總額	29,018	
	食品	11,002	白米、白砂糖
	中藥	2,576	
	金屬類	2,361	
	交通工具	1,613	
	染料及糅皮劑	1,154	
華中	總額	20,272	
	肥料	6,444	硫銨

續上表

對手	主要項目	金額（單位千港元）	項目中的主要商品
	食品	3,686	
	金屬類	2,556	
	油脂類	2,392	
	紙類	1,042	
華南	總額	100,449	
	食品	25,167	白米
	絲及紡織類	14,373	達到四十號的單雙棉絲
	油類	14,254	
	機械類	9,325	
	金屬類	6,389	
	交通工具	5,853	
	紙類	3,398	
	肥料	2,739	
	建築材料	2,119	
	化學製品藥劑	1,698	
	煙草	1,235	
	鐵路材料	1,150	
	染料及糅皮劑	1,046	
美國	總額	28,436	
	金屬類	11,832	錫塊
	食品	5,452	

續上表

對手	主要項目	金額（單位千港元）	項目中的主要商品
	油類	3,921	桐油
	礦物類	1,452	
	中藥	1,158	
馬來亞	總額	25,767	
	食品	8,954	白砂糖
	絲及紡織類	2,499	雜染棉布
	中藥	2,766	南皮、桂皮
	服飾品	1,833	
日本	總額	17,975	
	金屬類	7,243	錫塊
	油類	1,752	
法印	總額	17,370	
	食品	6,994	
	絲及紡織類	3,763	達到四十號的單雙棉絲
	中藥	1,875	
泰國	總額	14,506	
	絲及紡織類	5,145	
	食品	4,128	
英本國	總額	13,282	
	服飾品	2,372	橡膠靴
	油類	2,775	桐油

續上表

對手	主要項目	金額（單位千港元）	項目中的主要商品
	金屬類	2,532	錫塊
	種子類	1,727	
	食品	1,285	
澳門	總額	13,001	
	食品	5,878	
	油類	1,156	
	絲及紡織類	1,044	
廣州灣	總額	10,713	
	絲及紡織類	2,998	
	食品	2,821	
	油類	1,580	
印尼	總額	4,819	
	絲及紡織類	1,398	
出口總額		295,608	

　　以上數據顯示了與香港相關的貿易內容。香港從中國入口特
產、茶、桐油、礦石類；從歐美進口其工業品，尤其是機械類、纖
維製品、化學工業製品；從南洋進口米、砂糖、石油。香港主要把
中國的特產轉出口至歐美諸國，並把從歐美入口的產品和南洋入口
的物資再轉出口到中國或者其他南洋諸國。香港貿易的大概即如此。

　　從商品的種類來看，香港的貿易商品大部分是為了再出口而進口的。除此之外，也可分為另外兩個種類，包括為了本地消費而入口的種類，以及在本地製造的產品。香港政府的貿易統計將商品分為 24 類，這些分類可大概分為以下 3 種（單位是 1,000 港元）：[5]

表 3-3　香港貿易的商品種類

一、中轉貿易		
商品種類	入口	出口
建築材料	6,634	3,512
化學製品藥劑	5,407	3,441
中藥	20,264	13,761
染料及糅皮劑	4,736	3,635
食品	123,410	91,912
金物類	3,936	3,071
機械類	9,060	9,947
肥料	8,885	10,221
金屬類	41,032	36,972
礦物類	2,812	8,484
果穀種子類	6,565	4,047

5　*Hong Kong Trade and Shipping Returns*, 1936.

續上表

油類	39,994	33,090
塗料	1,750	1,430
紙及紙製品	13,416	7,894
絲及紡織類	67,674	40,068
鐵路材料	83	1,154
煙草	5,891	4,320
交通工具	6,583	7,969
服飾	4,122	12,591
雜類	57,630	51,819
二、本地消費			
	商品種類	入口	出口
牲畜	8,042	133
燃料	11,032	396
酒類	3,379	897
三、本地生產			
	商品種類	入口	出口
服飾	4,122	12,591

　　以上商品中的燃料主要是指石炭,但需要注意,燃料不會出口,大部分用作燃料倉動力供應船舶,但也並不是在香港本地的便會被完全消耗。再者,香港政府的統計中沒有單獨記錄本地生產的出口,

故不太可能單獨調查香港製品的出口額。而且，服飾中包含的膠靴、內衣、襯衫、襪子，以及雜類中的手電筒，都是由華人經營的中小型企業專為出口而製造。砂糖（在香港完成精製）、水泥、繩索、棉布的出口，大概佔香港出口總額一成，情況如前所述。

需要另外說明的是香港的走私活動。在本書第二章曾提及以香港為中心的鴉片走私商極為猖獗。現在情況雖然有改善，但香港和中國南方之間的走私活動仍然十分活躍。1936 年，大概有 5,000 萬元的物資以走私形式流動。在入口方面，主要項目包括中國南方特產鎢礦、錫、銻礦、莎草蓆、茶、生絲（需注意：在以上表格中礦物的出口量比入口量大得多）；在出口方面，則以貴重貨品為主，包括絲織品類、藥品、染料類等。這些容後再述。

二、香港貿易的動向

翻查香港最近 20 年的貿易數據，大概可以看出 1920 年是其巔峰，其後至 1936 年則一直下跌。1937 年事變以後兩年間，輸送往中國內地的物資回升，貿易額也有所增加。然而 1939 年隨着英國參戰出現了逆轉，香港貿易又開始減少。以下詳細分析這個過程。首

先，參考一下這個時期每年的出入口數據。[6]

表 3-4　香港每年出入口數據 (1919-1940)

年份	入口	出口	出入口合計
1919	68.0 百萬鎊	87.7 百萬鎊	155.7 百萬鎊
1920	103.9 百萬鎊	108.3 百萬鎊	212.3 百萬鎊
1921	68.1 百萬鎊	67.6 百萬鎊	135.8 百萬鎊
1922	61.2 百萬鎊	60.9 百萬鎊	122.1 百萬鎊
1923	61.9 百萬鎊 545,200 千港元	61.3 百萬鎊 540,077 千港元	123.3 百萬鎊 1,085,277 千港元
1924	72.1 百萬鎊 608,321 千港元	63.6 百萬鎊 541,235 千港元	135.8 百萬鎊 1,149,556 千港元
1931	38.5 百萬鎊 737,740 千港元	28.9 百萬鎊 542,050 千港元	67.4 百萬鎊 1,279,790 千港元
1932	41.0 百萬鎊 624,048 千港元	31.0 百萬鎊 471,860 千港元	72.0 百萬鎊 1,095,908 千港元

6　根據 *Hong Kong Blue Book* 各號。這些數字不包括金銀的出入口。香港貿易統計於 1919 年以後公佈，1925 年香港罷工罷市，統計至 1930 年中止。這個時期的數據缺失，且中止前後的數據計算方式有着顯著的不同。值得注意的是，由於銀價變動，港元價值也有較大的浮動，且 1935 年香港幣制改革，如不考慮銀價變動，看鎊價會更方便。當然或許考慮了物價變化，尤其以 1940 年物價騰貴的比例來看，這一年度的貿易額增加不過是假象。以下為 1922 年以後香港的物價指數：100.0 (1922 年)、106.8 (1924 年)、136.6 (1931 年)、122.4 (1932 年)、103.5 (1933 年)、91.5 (1934 年)、77.9 (1935 年)、103.1 (1936 年)、131.1 (1937 年)、130.6 (1938 年)、128.0 (1939 年)、173.3 (1940 年)。

續上表

年份	入口	出口	出入口合計
1933	33.9 百萬鎊 500,937 千港元	27.4 百萬鎊 403,092 千港元	61.3 百萬鎊 904,031 千港元
1934	31.7 百萬鎊 415,919 千港元	24.8 百萬鎊 325,104 千港元	56.5 百萬鎊 741,023 千港元
1935	35.3 百萬鎊 364,989 千港元	26.1 百萬鎊 271,034 千港元	61.4 百萬鎊 636,022 千港元
1936	28.5 百萬鎊 452,350 千港元	22.1 百萬鎊 350,865 千港元	50.6 百萬鎊 803,215 千港元
1937	38.1 百萬鎊 617,064 千港元	28.8 百萬鎊 467,322 千港元	66.9 百萬鎊 1,084,386 千港元
1938	38.8 百萬鎊 618,169 千港元	31.7 百萬鎊 511,902 千港元	70.5 百萬鎊 1,130,071 千港元
1939	36.5 百萬鎊 594,199 千港元	32.8 百萬鎊 533,385 千港元	69.3 百萬鎊 1,127,584 千港元
1940	45.9 百萬鎊 752,739 千港元	38.5 百萬鎊 621,752 千港元	84.4 百萬鎊 1,374,491 千港元

　　以下我們將最近 30 年的香港貿易分為三個時期來討論。1937 年 7 月之前為第一期，至 1939 年 8 月為第二期，1939 年 9 月以後為第三期。第一期中主要的貿易對手及其各地分別的出入口趨勢如

下圖所示。（單位千港元）[7]

表 3-5　香港與貿易對手的入口趨勢

對手	1924 年	1931 年	1932 年	1933 年	1934 年	1935 年	1936 年
中國							
華北	77,052	102,561	86,642	77,425	74,051	61,916	70,233
華中	733	12,639	11,692	9,220	7,353	5,905	7,165
華南	—	85,222	71,659	68,542	65,118	55,493	74,643
英帝國	139,569	134,932	133,659	98,311	61,496	50,880	58,919
日本	77,586	68,303	21,280	25,289	36,669	43,132	58,039
南洋諸國							
荷印	80,393	79,950	61,620	38,886	34,675	22,576	38,334
泰國	53,233	47,129	57,822	50,184	33,464	20,535	29,780
法印	93,452	50,681	52,669	42,373	26,245	32,573	25,760
其他諸國[8]							
美國	50,281	57,200	46,125	31,209	29,343	26,462	32,181
德國	15,605	37,560	25,708	19,076	13,537	16,346	23,618

7　*Hong Kong Blue Book for 1935. Hong Kong Blue Book for 1936* 入口的數字中，華中、華南的份額裏在 1931 年以前僅能顯示一部分貿易額。在出口中，1924 年度澳門（即廣州灣）的份額包括在華南之中。

8　此為編者所加。

續上表

對手	1924 年	1931 年	1932 年	1933 年	1934 年	1935 年	1936 年
比利時	5,923	15,018	12,920	8,416	4,880	4,788	6,399

表 3-6　香港與貿易對手的出口趨勢

對手	1924 年	1931 年	1932 年	1933 年	1934 年	1935 年	1936 年
中國							
華北	84,784	66,166	57,300	44,928	36,778	20,143	29,018
華中	40,882	48,727	46,345	30,707	20,149	17,417	20,272
華南	212,220	180,159	176,173	151,371	99,317	95,244	100,449
英帝國	51,673	62,545	46,070	41,147	46,064	37,660	61,577
日本	29,952	27,523	13,492	12,884	11,447	11,497	17,955
南洋諸國							
荷印	8,965	14,228	10,789	9,574	8,507	6,193	9,722
泰國	21,510	22,615	16,387	14,546	14,664	10,441	14,506
法印	43,654	33,932	29,902	24,273	24,095	14,459	17,370
其他[9]							
美國	21,158	20,167	18,308	19,284	18,573	21,248	28,436
澳門	—	25,651	22,430	21,384	17,364	13,294	13,001
廣州灣	—	18,753	3,489	9,965	8,018	9,333	10,586

9　此為編者所加。

簡而言之，香港在第一期與所有對手的貿易基本上也減少，當中對中國的出口下跌尤其顯著。於是，各方紛紛呼籲推出有效措施以維持香港繁榮，1934年成立了專責委員會，調查香港不景氣的原因以及探討對策。該委員會於1935年完成調查並發表報告。[10] 其中認為香港貿易不景氣，主要原因在於世界性不景氣以及各國市場對中國出口產品消化能力下降；另外，中國工業化的發展以及關稅自主後設立關稅壁壘也導致對中國的出口減少。他們建議以下兩個對策：一、香港應該堅持中轉貿易路線，謀求恢復景氣，而且鑒於中國市場的重要性，應該與中國進行交涉，撤銷關稅壁壘，進一步謀求建設香港與廣東的經濟共同體；二、擴大香港製造業的銷路，尤其是在英帝國，應該盡力謀求清除帝國內其他地區對香港設置的關稅及其他障礙。

自此以後，香港雖然也在這方面努力，而香港的工業亦有相當發展，然而對華貿易方面的協商，英國和香港的努力在1936年以前都沒帶來甚麼成效。不過，在改善中國經濟關係方面，英國在這時

---

10 *Report of the Commission Appointed by H. E. the Governor of Hong Kong to Enquire into the Cause and Effects of the Present Trade Depression in Hong Kong and Make Recommendations for the Amelioration of the Existing Position and for the Improvement of the Trade of the Colony*, July 1934-Feb 1935.

完成了一些觸及根本的事。1935 年，英國協助南京政府改革幣制，而香港也順道放棄銀本位制。另外，英國在 1934 年為粵漢線的建設向中國貸款 150 萬鎊。再如之後會談到，華南地區的鐵路網絡建設也在英國的投資計劃下得到發展。然而，香港和中國之間關稅壁壘撤銷的協商卻沒有任何成效，並且根據中國專家所言，從粵漢線於 1935 年開通到事變之前，英方欲將揚子江流域的物資引導至香港的意圖也沒有成功。[11]

　　然而，1937 年 7 月的中日事變令香港的地位發生很大變化。於此，我們來探討第二期，即 1937 年 7 月到 1939 年 9 月之間的香港貿易發展。這個第二期可分為兩個階段：上半段是 1937 年 7 月到 1938 年 10 月廣東淪陷之前；下半段是淪陷以後到 1939 年 9 月英德開戰為止。隨着事變發生，上海的外國貿易停止，英國在華北地區長江附近的利益被迫總體撤退，英美開始援助蔣介石抗日和大後方建設，所謂援蔣基地的香港終於發揮其功能了。在事變之前，粵漢線往漢口的物資輸送一時間變得十分活躍。恰好在當年 8 月，連接廣九、粵漢線的廣東迂迴線完成，九龍與漢口之間的貨物聯絡運

11　蔡謙：《廣東省對外貿易調查報告》，1939 年。

輸協議也訂立了。在事變之前預定往上海的物資皆轉而停靠香港，
通過廣九線和粵漢線繼續輸送到漢口。以珠江口為口岸向廣東輸送
的物資，也運用卡車沿着廣九線輸送。香港和內地之間的貿易兩大
門戶 —— 九龍和廣東兩個稅關的中國貿易比重突然增加。當中九龍
海關在 1937 年 7 月佔中國入口總額不過 3%，1938 年 1 月激增至
45%。1937 年到 1939 年上半年，上海、九龍和廣東三個稅關的出
入口增減如下圖所示：(單位 1,000 海關元) [12]

表 3-7   上海、九龍和廣東三個稅關的出入口增減

稅關		1937 年上半年	1937 年下半年	1938 年上半年	1938 年下半年	1939 年上半年
上海	入口	363,821	146,990	106,656	168,232	326,915
	出口	249,090	155,583	73,048	149,991	173,484
廣東	入口	18,483	26,684	37,991	18,955	3,534
	出口	26,905	36,943	60,303	46,391	4,269
九龍	入口	122,439	143,869	122,260	21,609	1,122
	出口	3,560	13,086	13,238	17,417	1,826
全中國	入口	606,017	347,371	442,301	443,889	720,684
	出口	482,859	355,395	322,605	440,036	411,459

12   *The Chinese Year Book*, 1940-1941, pp. 620-625. 這些出入口數字是從中國自身角度
       所見的出入口，且亦是需求主導，但大量武器軍需用品的入口沒有在海關統計中出
       現。在這個時期經由香港的入口比重亦十分可觀。

　　從中國出口至香港的產品，以往多集中於上海，一般不轉往香港，並大多直接運往出口國。香港在中國出口所佔的比例卻從 1937 年 7 月的 12% 增加到 1938 年 1 月的 41%。1937 年到 1939 年間，各貿易對手與中國出入口的每半年數據如下。香港在 1937 年下半年開始到 1939 年上半年之間超過美國，成為中國出口產品市場的首位。（單位為 1,000 海關元）[13]

表 3-8　各貿易對手與中國出入口的每半年數據

	1937 年上半年	1937 年下半年	1938 年上半年	1938 年下半年	1939 年上半年	1939 年下半年
美國 入口	115,385	73,473	86,182	65,072	112,049	102,052
出口	155,601	75,851	31,677	55,176	67,089	158,784
香港 入口	9,719	9,358	12,074	12,514	17,288	18,126
出口	66,612	96,291	112,465	130,931	104,223	117,875
日本 入口	115,601	35,068	62,666	147,197	170,404	142,993
出口	63,124	111,181	55,620	60,928	32,931	32,691
德國 入口	90,851	55,792	67,130	45,809	51,367	35,801
出口	43,930	28,546	23,397	33,041	30,711	14,386

13　*The Chinese Year Book*, 1940-1941, pp. 636-637.

續上表

英國						
入口	68,811	42,883	39,861	30,745	39,502	38,359
出口	36,155	44,224	23,218	33,551	33,046	57,818

　　從香港的貿易統計來看，則如下表所示。1937 年到 1939 年上半年，對華北、華中、華南各個地區顯示出相當明顯的貿易增減，尤其對華南地區的貿易，入口從 1937 年下半年開始上升，而出口則從 1938 年上半年開始呈現飛躍性增長。1938 年 10 月，由於我國進攻廣東造成貿易大減，1939 年上半年中入口數量下跌至前年同期的 41%，出口則下跌至 12%。（單位 1,000 港元）[14]

表 3-9　香港對華北、華中、華南的出入口每本年數據

		1937 年上半年	1937 年下半年	1938 年上半年	1938 年下半年	1939 年上半年
華北	入口	37,547	46,633	52,477	62,714	66,294
	出口	16,648	21,864	37,353	25,576	28,534
華中	入口	4,323	6,866	6,269	6,223	11,060
	出口	14,386	14,266	17,653	10,489	19,634
華南	入口	46,552	69,382	60,926	44,642	25,057
	出口	61,261	61,958	85,678	53,958	11,619

14　各年度的 *Hong Kong Trade and Shipping Returns*。

從香港進口的中國特產有所增加，如下表所示：

表 3-10　香港進口的中國特產

	1936 年	1937 年	1938 年	1939 年	1940 年
桐油	4,652	8,762	39,762	9,330	37,481
茶	2,763	3,620	12,080	20,357	27,604
鎢	7,634	15,382	14,252	21,207	11,595
錫	23,685	22,207	16,318	20,529	12,911
銻礦石	21	724	2,221	—	—
豬鬃	73	464	4,282	6,526	11,124

從以上數據來看，1940 年之前有明顯的上升（豬鬃），也有 1938 年和 1939 年從巔峰減少（鎢礦、銻礦石）的情況。這些從中國出口的特產經由香港轉口呈現了飛躍增長。

第二期上半段中，較引人注意的是香港工業製品出口大增。香港工業製品出口上升的趨勢在中日事變前就已十分明顯。香港當局利用 1932 年渥太華會議英帝國內設立的特惠關稅制度，努力促進出口產品往東洋、澳洲及非洲內的英國領土。再者，中日事變後，在華南和華中的華人工業逃難到香港，工廠數量激增，令香港本地工

廠製品的出口顯著增加。1936 年以後，香港製品以隔年顯示的出口量如下圖所示：(單位 1,000 港元) [15]

表 3-11　香港製品的出口量

	1936 年	1938 年	1940 年
膠靴	3,302	6,675	11,243
襯衫	857	2,168	6,793
香煙	2,766	5,019	6,380
其他服裝類	—	3,426	41,439
手電筒	2,930	2,900	7,335
電池	1,279	2,189	2,460

　　簡而言之，在第二期上半段香港貿易一改長年不景氣的情況而突然變得活躍起來。但是活躍的主因是中日事變後事態從長江流域擴展至華南，再加上 1938 年 10 月我軍進攻廣東後嚴密封鎖了南中國一帶。但以上情況並沒有立即削弱香港的貿易，也沒有動搖香港的穩定性，反而為其上升趨勢增添動力。在第二期下半段，我軍漸漸攻佔汕頭、海南島、欽州、南寧、北海和華南其他主要援蔣輸送道路要

15　同上。1936 年度服裝的出口中再轉口的數目並無在此顯示。而且，在香港政府的統計中沒有區分出口與再轉口。上表數字很難說都代表了香港本地製品的出口。

衝，因此香港與華南的貿易也大幅減少。但是這個時期香港與法印、
廣州灣、澳門的出入口均有所增加。經由華南諸港向漢口、長沙、
桂林的物流，被經由海防、澳門、廣州灣的路線代替。所以，第二期
上半段可說是粵漢線時期，下半段則可說是法印通道時期。雖然我們
將 1939 年 9 月以後區別為第三期，但是通過法印通道向重慶、桂林
的物流（以及從內地向法印的輸送）卻一直持續到 1940 年 5 月。與
粵漢線通道相比，法印通道（廣州灣通道亦然）無論在地理上或設施
上都較差，因此對香港的貿易造成小規模的衝擊也無可避免。儘管如
此，值得關注的是，這個通道之間的轉換以及香港貿易能維持其水平
這兩點。貿易數據所顯示的趨勢如下表：（單位 1,000 港元）[16]

表 3-12　香港與各貿易對手的出入口數據

對手		1936 年	1937 年	1938 年	1939 年
中國	入口	152,041	211,321	233,264	223,207
	出口	149,739	190,401	230,727	90,219
法印	入口	25,760	40,779	34,417	40,660
	出口	17,370	24,004	23,155	55,480
廣州灣	入口	6,034	7,535	9,121	26,357

16　同上書。

續上表

對手		1936 年	1937 年	1938 年	1939 年
	出口	10,586	9,735	9,884	42,286
澳門	入口	6,541	11,044	13,650	32,872
	出口	13,001	17,096	20,839	45,039
入口合計		190,376	270,679	290,452	323,096
出口合計		190,696	241,236	284,605	233,024

　　如與 1936 年和 1939 年向法印、廣州灣、澳門主要貿易品出入口金額作對比，可以看到對峙貿易品大增。（單位 1,000 港元）

表 3-13　各貿易對手出入口產品數據

	1936 年	1939 年
法印入口		
總額	25,760	40,659
中藥	1,180	2,541
油類（桐油）	204	8,147
法印出口		
總額	17,350	55,479
絲及紡織品類	3,763	10,694
交通工具	21	10,403

續上表

	1936 年	1939 年
油類（汽油）	140	5,038
金屬類	341	4,253
機械類	26	2,915
中藥	1,875	2,884
廣州灣入口		
總額	6,727	26,356
牲畜	2,261	10,982
食品	845	3,949
油類（桐油）	318	3,710
中藥	24	1,434
廣州灣出口		
總額	10,856	42,286
絲及紡織品類	2,998	27,168
油類（汽油）	1,850	2,742
澳門入口		
總額	6,874	32,872
食品	288	7,923
中藥	—	3,393

續上表

	1936 年	1939 年
絲及紡織品類	40	7,773
澳門出口		
總額	13,001	45,038
食品	5,878	15,025
油類	1,156	6,222
絲及紡織品類	1,044	4,773
種子類	266	2,885

以上記錄僅摘錄 1939 年度金額達百萬港元以上而且比 1936 年有顯著不同的項目。廣州灣中的交通工具、機械類在 1938 年度大增，在 1939 年再次大跌。

1939 年 9 月英德開戰，令香港貿易步入一個新時期。這時的香港貿易變化可從兩個方面觀察：第一是出入口對手的變化。簡單來說，是對歐洲諸國的出入口減少，對英帝國的物資供應增加；對英帝國、南洋諸國、美國的出入口也增加。香港政府自 1940 年 3 月起，停止發佈各貿易對手的出入口數字，因此這樣的變化從 1939 年

9 月後以六個月來計算應沒有大錯，數據如下：（單位 1,000 港元）[17]

表 3-14　香港與各貿易對手的出入口金額變化

	1939 年 9 月至 1940 年 2 月	前年同期	對前年同期增減率
英帝國			
英國　入口	15,615	24,173	(-)35%
出口	15,501	9,691	(+)60%
澳洲　入口	4,677	3,023	(+)55%
出口	2,593	1,552	(+)67%
加拿大　入口	2,091	1,739	(+)20%
出口	1,577	1,331	(+)19%
英屬馬來亞　入口	6,168	3,866	(+)60%
出口	31,437	18,515	(+)70%
印度　入口	6,783	3,816	(+)78%
出口	6,082	3,167	(+)92%
歐洲諸國			
比利時　入口	848	2,248	(-)62%
出口	58	1,688	(-)97%
法國　入口	1,084	1,428	(-)24%

17　同上書。

續上表

		1939 年 9 月至 1940 年 2 月	前年同期	對前年同期增減率
	出口	2,053	4,045	(-)49%
德國	入口	463	11,865	(-)96%
	出口	321	6,686	(-)95%
中國與法印				
華北	入口	104,824	63,829	(+)64%
	出口	24,795	24,745	(+)2%
華中	入口	1,452	7,568	(-)81%
	出口	2,090	10,628	(-)80%
華南	入口	11,149	35,853	(-)69%
	出口	11,373	38,783	(-)71%
廣州灣	入口	17,203	6,631	(+)160%
	出口	22,357	6,951	(+)220%
澳門	入口	18,885	10,750	(+)76%
	出口	26,753	12,810	(+)109%
法印	入口	30,790	16,099	(+)91%
	出口	18,688	20,583	(-)10%
其他國[18]				
日本	入口	12,992	8,799	(+)49%

---

18   此為編者所加。

續上表

		1939 年 9 月至 1940 年 2 月	前年同期	對前年同期增減率
	出口	6,171	1,853	(+)233%
美國	入口	23,421	19,775	(+)19%
	出口	51,181	26,254	(+)95%
南洋諸國				
泰國	入口	19,988	9,292	(+)115%
	出口	10,500	8,476	(+)24%
荷印	入口	24,384	16,809	(+)45%
	出口	8,607	6,256	(+)38%
菲律賓	入口	1,529	617	(+)148%
	出口	5,790	5,057	(+)18%
其他	入口	8,688	8,985	(-)4%
	出口	29,009	43,918	(-)34%
合計				
入口		313,034	257,165	(+)22%
出口		277,177	253,259	(+)10%

在上一次世界大戰期間，香港作為英國及其他聯合國國家的物資輸送基地，呈現出驚人的活躍狀態。在這一次戰爭中，從英國的入口減少，而對英國的出口增加，反映香港更傾向作為英國的物資

輸送基地，而非英國商品的市場。但是，在上一次大戰時可獲得物資的地區，現時則在我國封鎖下，失去了進出口的自由。因此，並沒有出現如上次大戰時貿易上升及經濟的好景氣，甚至在前期所見援蔣景氣的現象也在戰時消失。另一方面，從歐洲諸國的入口也消失了，反之與英帝國其他地方、南洋諸國和美國的貿易增加。來自歐洲諸國的訂單大多是藥品、染料、機械器具、肥料，這些在補給上皆遇到較大的困難。

第二個值得注意的重點，是香港作為自由港性質的變化。1939年9月3日，香港在宣佈對德宣戰後，政府就着手對再組織香港貿易金融的戰時體制進行立法並加以施行，包括財政防衛法令、食品價格統制法令、對敵通商法令、緊急物資貯藏量維持令、戰時所得稅等均陸續實施。這些戰時經濟立法的目的，在於為支持本國進行戰爭儘可能供應必要物資、防止貨物向敵國流出、防止外匯流出並向本國提供剩餘收入、為香港的緊急狀態儲備足夠的食物和原料以防止物價及幣值波動。結果食品、金屬、燃料、肥料、紡織原料、皮革等200餘個品種的出口及轉口都受到許可管制；另外，米糧、金屬、棉絲等貨品的貯藏場所和存貨數量，在貨品於香港境內到轉移前皆要受管制。港元的價值對英鎊的匯率固定在賣出價為一先令

二便士又三十二分之十五，買入價為一先令三便士又三十分之一，並且只能於政府許可的 18 間銀行進行匯兌買賣。這些措施對向來是自由港的香港帶來很大的變化。如以上 1934 年貿易調查委員會報告中作出的提議，應保持香港物資及資金進出的最高度自由，這可促進自身的繁榮。然而，此次限制物資和資金進出的舉措，為香港帶來了翻天覆地的影響。

香港戰時管制的組織架構大概在開戰後三個月成立。但是，由於香港當局儘力想讓行之以久的自由通商主義和新的管制主義並存，因此整個香港經濟實體並不能很快全面轉換至管制主義。對中國金融貿易的自由是香港繁榮的基礎，難以讓英國當局輕易放棄這個貿易利益，甚至對香港一般華人居民來説，他們也從未試過被限制向中國輸送物資和資金。香港政府自開埠以來，一直採取按華人法律和習慣統治華人的政策，因此在戰時也一直沿用。也就是説，任由作為外幣的法幣自由流動，只容許英國人帶走外幣證券，華人則沒有此權限。1939 年 12 月 22 日，英本國政府強化匯兌管制，更嚴格地限制英鎊證券向外國流動，香港則被指定為英鎊區外地域。這是希望香港能繼續保持對中國貿易金融的自由度，同時防止英鎊通過香港流出的特殊處理手法，同時限制香港與英帝國內其他地區之間的物資和資金流

動。實際上，英帝國向香港匯款採用匯兌管理法，很多英屬市場也限制香港製品入口。1940年度英本國就管制了香港製造的膠鞋，而馬來亞聯邦、海峽殖民地也開始限制香港製品入口。

　　但是，實行這個雙重政策也面對着頗多的困難，尤其維持這個長期政策，前提是要求香港和英帝國的經濟要能抵銷不斷由香港流出的物資和資金。隨着戰爭令英本國經濟實力削弱，香港的對華貿易及金融管制從1939年到1940年亦逐漸加強。1940年夏天我軍進駐法印後切斷了援蔣通道，導致遠東勢力平衡上發生了激變，極大地動搖了英國這個雙重政策的基礎。在遠東遭遇經濟危機的英帝國決定轉向與美國、荷印、重慶政權等建立對日經濟戰線，這一點在下一章再詳述。1941年7月，這個對日的ABCD[19]陣營的經濟戰開始了。香港封鎖了對日本及對重慶政權以外的其他中國資本。這意味着英國放棄雙重政策，不再以保持中國貿易的自由來維持香港繁榮。與華北、華中之間的貿易利益也只能忍痛放棄，僅與經濟實力相對較弱的重慶政權下的中國西南地區保持關係。如此，香港貿易就僅僅成為英帝國的一部分，全面服務戰時經濟，並與東亞地區的

19　編者按：A代表美國、B代表英國、C代表重慶、D代表荷印。

英鎊共同體穩固結合，以維持今後的命脈。

　　這件事對香港繁榮的打擊，現在並沒有充分資料分析。不過從 1941 年上半年的貿易數據看來，香港作為中國特產對外出口的中轉集散地的重要性已經大幅下降。1941 年上半年和 1940 年同期的出入口數據比較如下圖所示。（單位 1,000 港元）[20]

表 3-15　1941 年上半年和 1940 年同期的出入口數據比較

	1941 年上半年	1940 年上半年
茶　入口	1,637	16,000
出口	5,117	18,000
桐油　入口	2,583	41,843
出口	4,396	29,156
鎢　入口	260	4,396
出口	525	4,975
錫　入口	—	—
出口	1,100	4,900
豬鬃　入口	11,592	14,869
出口	8,752	—

20　香港《大公報》，1941 年 8 月 5 日。在 1941 年上半年全無錫入口，其他缺乏數據的項目也因資料不充分而沒有列出。

　　茶、桐油、鎢礦、豬鬃是重慶政權大宗的對外出口品，這些向香港入口的物資於 1941 年上半年是約 1,600 萬港元，與前年同期的 6,200 萬港元相比，只及約四分之一。然而，香港整體的貿易情況又如何？我們在前面已經提到 1940 年之前的貿易數字，1940 年以後的出入口與前年比較大幅減少，見下圖所示。（單位百萬港元）[21]

表 3-16　1940 年前後的出入口數據比較

	入口	對前年同期增減	出口	對前年同期增減	出口和入口合計	對前年同期增減
1939 年	594.1	—	533.3	—	1,127.5	—
1940 年	752.7	(+)26.7%	621.7	(+)16.6%	1,374.4	(+)21.6%
1940 年上半年	419.6	—	326.5	—	746.1	—
1941 年上半年	387.3	(-)7.7%	302.5	(7.4%)	689.6	(-)7.6%
1940 年1 月至 9 月	577.6	—	469.9	—	1,047.5	—
1941 年1 月至 9 月	581.5	(+)0.7%	462.3	(-)1.6%	1,043.8	(-)0.4%

　　以上列出 1940 年的數據與 1939 年對比的增加部分，如果考慮物價上升，其實不過是表面數據。以 1922 年作為基準的物價指數在

21　*Hong Kong Trade and Shipping Returns*.

1939 年是 128.0，而在 1940 年是 173.3，增長 35.3%。因此，1940 年相對前一年並非增長 21.6%，反而是減少 9.2%。最近的物價指數只發表了上半年的 204.4%，1940 年上半年是 164.4%，1941 年上半年的物價指數與前一年相比增長 24.9%。因此，1941 年上半年貿易減少了 30.6%。1941 年下半年的貿易額相比起來有升跌。然而，如考慮物價上升的程度，則結果是減少無疑。但是，凍結令實施之後，香港貿易的趨勢如上表數據所示，並沒有大幅下降。這主要是因為對德開戰後，香港只能從自由貿易轉向管制貿易、作為英國後方經濟基礎及對日封鎖的工具，那麼 1941 年後半年的貿易額比前一年同期應該至少下降三成。但是，現在中轉貿易下跌卻被本地工業出口增加抵銷，對華貿易的下跌也被與英鎊共同體以及南洋諸國之間的貿易增加補足；大程度轉換貿易方向後，香港顯示出其韌力。這也證明了香港的經濟實力絕不可輕視。然而，將來戰爭一旦結束，香港的貿易究竟能恢復多少？恐怕不能否認香港會慢慢衰退。在事變之前已經一直減少的對華貿易，在事變之後繼續流失了不少機會和市場。香港本地製造業的發展也面對局限，不能對製品出口增長有太大期望。若我國的「東亞共榮圈」繼續擴大，而美國的勢力亦持續擴張，人們也許會問：香港的前途究竟會怎樣？

三、香港的走私

在本章開頭稍有提及香港的走私，而其對物資流動有着不容忽視的重要性。華南（尤其是廣東省）和香港之間的走私，在事變之前年總金額大約 5,000 萬元，至 1939 年、1940 年則上升至超過 8,000 萬元，比香港政府統計與廣東省的貿易額還要大。香港的走私業者數目至少 3,000 人，而擁有船隻、規模較大的則有 2,000 人。與廣東省各地建立起走私聯繫的不僅是下層犯罪者，在事變之前參與走私的更多是廣東省政府官吏，他們公然運用軍艦，在海關監視線下進行走私。現在重慶政府農林部長陳濟棠在出任廣東省主席時，與其兄長陳維周因為走私而臭名遠播。中山縣官營的走私貿易也很「聞名」。事變迄今，不少重慶政府官吏仍然參與走私貿易。

走私路線以香港為中心分為三條：一是沿着廣東省東海岸，一是以珠江三角洲即香港與廣東之間、香港與澳門之間為主，還有一條沿着廣東省西南海岸線。沿着東海岸的路線大概是由海路運到汕頭，並以此為根據地轉往內地。沿着西南海岸的路線是以廣州灣為中轉地進入廣東和廣西。而珠江三角洲的走私則通過水陸兩路，以廣東和澳門為目的地，經澳門的則多進入中山縣。走私雖然有入口

和出口兩個方向，但以從香港出口華南的物品為主，因為可以免除廣東省的入口稅及其他稅。運往香港的走私物品則一般是中方禁止出口或者是壟斷專賣的，以及港方禁止入口或高稅率的商品。中日事變後，日英中之間的經濟戰愈來愈複雜，現在我國封鎖沿岸，重慶政府進行貿易管制，香港政府亦實行戰時管制措施，令情況更加複雜，而且新的走私路線也會產生新的問題。[22]

根據某具影響力公司推算，1936 年以後香港走私的年總金額逐年數據如下表所示：（單位 1,000 港元）

表 3-17　香港走私年總金額

	往香港的走私入口	從香港出發的走私出口
1936	4,000	43,000
1937	8,000	40,000
1938	10,000	40,000
1939	30,000	50,000
1940	30,000	50,000

22　林和三郎：《南支那に於ける密輸の研究》，1938 年，貿易獎勵資料第 19 輯，財團法人貿易獎勵會發行。

　　往香港的走私入口逐年顯著增加，主要走私貨物是華南特產，年金額為 3,000 萬元，其明細內容如下表所示：（單位 1,000 港元）[23]

表 3-18　往香港的走私入口的物資

鎢礦	生絲	錫	草蓆	茶	銻礦
10,000	4,000	10,000	2,000	5,000	1,000

　　走私出口年總金額為 5,000 萬元，其明細內容如下表所示：（單位 1,000 港元）

表 3-19　從香港出發的走私出口的物資

絲及紡織類	人參及其他貴重藥品	砂糖	海產	染料
10,000	1,000	5,000	1,000	2,000

　　海產包括魚翅、燕窩等貴重食品。又可注意如絲及紡織類、日本製品等多由走私出口。

23　查看香港政府的貿易統計，可見這些商品常為出超。由於香港本身並不出產這些物資，因此香港經常透過走私入口這些東西是可以理解的。同樣，在香港貿易中經常出現過量輸出金銀。這是由於中國各地走私白銀至香港，又以正當的轉口方式流出。其逐年的輸入輸出額如下（單位 1,000 港元）：1936 年：輸入 72,728、輸出 143,815；1937 年：輸入 386,448、輸出 395,226；1938 年：輸入 9,601、輸出 188,123；1939 年：輸入 5,323、輸出 75,403。*Hong Kong Trade and Shipping Returns.* 1940 年以後並沒有公佈金銀輸出額。

四、我國和香港的貿易

我國與香港的貿易在過去十年間波動比較大。1924 年以來，在香港貿易統計中對日出入口數據如下表所示：（單位 1,000 港元）[24]

表 3-20　香港對日出入口貿易數據

	入口	出口
1924 年	77,586	29,952
1931 年	68,303	27,523
1932 年	21,280	13,492
1933 年	25,289	12,884
1934 年	36,669	11,447
1935 年	43,133	11,497
1936 年	58,039	17,955
1937 年	58,044	19,780
1938 年	18,781	3,319
1939 年	27,430	6,555
1939 年 9 月至 1940 年 2 月	12,992	6,171
前年同期	8,799	1,853

24　*Hong Kong Blue Book*, 1936 and 1939.

　　自滿洲事變以來，我國與香港的貿易上須竭力對抗不斷排斥日
貨的潮流。1931年，我國在香港的對外貿易份額中入口佔9.3%，
出口佔7.9%。滿洲事變後，由於中國商人排日，1932年入口只佔
1.0%，出口也下跌至2.8%。之後乘着日圓貶值，我國貿易表現頗引
人注目，1934年入口佔8.8%，出口佔3.5%。1936年更進一步，
入口佔12.8%，出口增加至5.1%。1932年到1936年，我國在香港
的貿易份額有所增加，雖然其絕對值未能達到1931年的水平，但在
香港貿易額全面下降的情況下，還是相當引人注目。尤其從日本進
口的物資佔香港貿易總額比例反比1931年高。在日本的大宗入口品
中，絲及紡織類在這個期間持續增加，1936年已超過英國和華北（以
上海為主），佔總入口額的42.6%。這個期間的變化如下表所示。（單
位百萬港元）[25]

表3-21　香港絲織品入口對手統計

	1932年	1933年	1934年	1935年	1936年
英國	41.4(38.6%)	17.9(23.9%)	10.3(15.5%)	7.2(13.6%)	8.5(12.5%)
日本	7.5(7.0%)	7.0(9.3%)	11.5(17.3%)	15.9(30.3%)	28.9(42.6%)
華北	39.0(36.3%)	35.5(47.3%)	33.7(50.6%)	24.2(46.0%)	23.8(35.2%)

25　*Hong Kong Blue Books for 1936.* Do. for 1937.

續上表

	1932 年	1933 年	1934 年	1935 年	1936 年
德國	3.4(3.2%)	2.0(2.6%)	0.9(1.4%)	0.6(1.2%)	0.6(1.0%)
意大利	1.3(1.2%)	1.5(2.0%)	1.5(2.3%)	0.9(1.7%)	0.2(0.3%)
法國	0.4(0.4%)	0.3(0.4%)	0.2(0.3%)	0.3(0.5%)	0.2(0.3%)
其他	14.3(13.3%)	10.9(14.5%)	8.5(12.6%)	3.6(6.7%)	11.9(15.5%)

　　1936 年度我國對香港的出入口中，以商品類別來看如下圖所示。（單位港元）[26]

表 3-22　我國對香港出入口的商品類別

	從日本入口	出口到日本
牲畜	56,900	—
建築材料	974,642	19,426
化學製品藥劑	816,648	28,955
中藥	465,816	512,287
染料及鞣皮劑	65,273	136,136
食品	6,510,633	651,328
燃料	6,003,264	—
金物類	467,778	670,214
酒類	236,265	6,002

26　*Hong Kong Trade and Shipping Returns 1936.*

續上表

	從日本入口	出口到日本
機械類	103,120	446
肥料	449,868	3,001
金屬類	2,534,704	7,243,119
礦石類	27,654	267,710
果穀種子	25,186	403,340
油類	235,793	1,752,532
塗料	245,489	31,656
絲及紡織品類	28,854,870	80,707
交通工具	437,782	1,198
被服類	2,059,352	5,804
雜項	6,088,773	6,136,620
合計	58,038,546	17,955,211

　　香港從我國的大宗進口是絲及紡織品類、食品和燃料。絲及紡織品類主要包括帶花紋的人棉布料5,260,000元、其他的人棉之物1,850,000元、素色棉布4,830,000元、西裝布料2,340,000元、未曬的粗斜紋布等2,480,000元、曬襯衫料子1,030,000元、染色粗牛仔布1,020,000元（以上僅記錄100萬元以上的種類）。食品中魚類製品佔1,480,000元居第一位，其他包括鮑魚、茸、魚翅、茶為主要項目。燃料中主要是瀝青炭，作為燃料動力的日本炭在事變前也佔香

港入口的重要席位。出口中金屬類總額極大，其次油類也在百萬元範圍內。向我國出口的金屬大部分為錫，總量 5,070,000 元、鐵屑次之。錫由中國內地出產運到香港精煉之後再轉口，事變之後錫業者停止對日供應，於是沒有再出口到我國。油類中大部分是石油、汽油和煤油。另外，對日的出口品中，廣東特產草蓆 940,000 元。

談到我國與香港的貿易關係，可以得出以下結論：

第一，香港與我國的貿易是典型的單向貿易，以香港入超為主，因此對我國來說是絕佳且距離近的獲得外匯的市場。

第二，香港從我國進口的商品主要是人絹、棉絲布、毛織品、海產等，並大多通過香港再轉口至中國或者南洋。

第三，香港出口到我國的物資主要是錫、鎢礦和草蓆等華南特產。

因此，正值各國對我國製品提高關稅壁壘，作為自由港的香港對我國商品來說成為便利的轉口地。向英帝國等諸多市場的出口，

如先在香港中轉一次（雖然這個中轉不一定直接與我國商人有關），
在一定程度上可協助我國製品避開各種限制。不過，因為中日關係
緊張，中國商人排斥日貨成為了香港與我國貿易中的主要問題。再
者，我國出口品的替代性很強，香港能輕易從其他國家找到替代品，
很容易就會排斥我國的製品。

　　由 1937 年發生中日事變到 1938 年，我國和香港的貿易面臨逆
轉，比 1932 年度這個較低水平還要低。到 1939 年卻有相當可觀的
復甦，雖然比不上 1936 年，但入口比前一年增加 4.5%，出口則增
加 10%。不過，引起我們注意的不僅是貿易額增加，更是我國和香
港貿易關係的基礎條件發生了重要的變化。首先，在事變下我國把
經濟變成戰時體制；另一方面，隨着英國的開戰，香港也不得不轉
為戰時經濟。不過，中國在事變之下的經濟結構有所改變，華北、
華南和華中部分地區進入了「圓共同體」。因此，1940 年中期前，
雖然有歐洲戰爭和事變的影響，但我國與香港的貿易仍處於增長期。
我國出口香港的物資中，由於供應關係收緊導致某些方面有所下跌，
比如石炭在 1936 年是 5,990,000 元、在 1937 年是 7,980,000 元、在
1938 年是 5,270,000 元、在 1939 年是 2,680,000 元，數據顯示逐年
減少。另一方面，我國為了獲得外匯收入致力於對外貿易，再加上

歐洲戰爭下我國的競爭對手出貨量下跌，香港從我國的進口總額增加。其中最顯著是絲及紡織品，1939 年的金額是 20,390,000 元，接近 1936 年的水平，佔我國出口總額的 75%。出口額比 1938 年增加50,000 元以上的其他品類包括：建築材料、硫酸、生魚、亞鉛板、陶器、雜貨、火柴、玩具、帆布。香港對日本的出口量也增加。我國為了獲得戰時物資，儘可能從香港搜集得來。當中鎢礦錄得顯著增加，1939 年 12 月的月金額是 800 萬元，佔香港鎢礦出口總額的 99%。

　　這期間華商的態度轉變也特別引人注意。由於商品不足，他們不再排斥日貨，轉而進口日本商品，他們也經常主動接觸日本公司。但是，我國這時也出現必須限制對香港出口的情況。這是因為 1939 年向香港出口的商品，在英鎊共同體（圓陣營）內出現了倒賣的傾向。從我國出口的立場來看，香港作為第三國市場，我國向香港出口的目的是獲得外匯。與此相對，中國大陸佔領地和我國之間貿易的目的，是在建設新秩序的強化物質基礎以及維持軍票價值上。所以，與以上二者的貿易雖然都受到管制，但我國的出口品類在兩地域上存在差異。因此，有些商品在英鎊共同體（圓陣營）裏已經升值，而一旦這些商品出口到香港，便會出現倒賣到英鎊共同體之弊。

再者，我國對香港的匯兌率與軍票對港元的匯兌率差異被人利用，以圓結算的商品進入了香港。以上這些因素皆妨礙了我國對香港的正常出口，而圓陣營內的物資系統也被破壞，令軍票的實施變得混亂。1940 年 5 月，我國當局開始實行對港出口許可制度，設立內地及當地審查委員會，只允許出口物資以保證香港當地消費。因此，我國對香港出口顯著減少。[27]

香港政府也加強管制對日出口。戰時重要物資被置於管制下，只出口到英國或者留作自用。不僅如此，也有着經由軸心國（尤其是日本）轉口的疑問。1940 年 9 月，三國同盟成立後，更加強了管制對日出口，如鎢礦在 1940 年末就停止出口到日本。在此種情勢下，我國想要維持與香港的貿易關係，恐怕只有以物易物一途。然而，在我國繼續嘗試調整與香港的貿易之前，政治軍事的情勢卻持續急速惡化。在遠東，英、美、荷印和重慶的所謂 ABCD 日本包圍經濟封鎖工作仍繼續進行。1941 年 7 月，我國進駐法印南部，對日的經濟戰在此時也積極展開。香港政府與英本國一起宣佈凍結對我國的資金，與我國的貿易也全面停止。

27　另外，我國對香港出口的弊端中，還包括向重慶政權下轄地的轉口問題。為了維持軍票，特別是向圓陣營出口的商品經由香港流入上海一時也變得火熱起來。

香港的金融

一、香港的貨幣

　　1841 年英國佔領香港時，華南一帶貿易的通用貨幣以西班牙商人使用的本洋 (Spanish dollar)，以及墨西哥的鷹洋 (Mexican dollar) 流通量最高，同時東印度公司發行的錢及中國的銀錠也在市面流通。1842 年港督砵甸乍公佈以這四種貨幣作為香港的通用貨幣。不過，19 世紀初英國在領土內卻極力驅逐墨西哥鷹洋，代之以本國鑄造的銀幣，後來又在美洲大陸的屬土中成功驅逐墨西哥鷹洋。接着，又在遠東對墨西哥鷹洋展開了貨幣戰，並首先在香港掃蕩鷹洋。1844 年政府通告以英國銀作為法定貨幣。然而，想要在東洋剷除西班牙系貨幣的勢力卻有點困難。英政府機關規定財政上需要以英國貨幣作為記賬單位，但華人仍舊混雜使用上述幾種貨幣，尤以墨西哥鷹洋最為廣泛流通。

　　香港估計英國貨幣不可能流通，於是計劃鑄造與墨西哥鷹洋等值的銀幣。1886 年香港開設造幣局。新鑄的貨幣雖然推出市場，但

華人並不支持，導致價值相對面額折讓至少百分之一，兩年後造幣局關閉。[28] 這次失敗使英國當局暫時打消鑄幣的念頭，不過這時以香港為首以及新加坡和馬來亞各地的英國商人相繼要求鑄造新幣，於是 1895 年又重新進行鑄造。這次新幣在印度造幣局鑄造，後在香港及新加坡流通。這個英國貿易銀元（或稱香港銀元或立人圓銀）不僅在香港也在中國各地港口流通，並成為墨西哥鷹洋的勁敵。1909 年到 1912 年大量銀元流向北方，在北京、天津等地流通。但是，墨西哥鷹洋仍然作為香港的通用貨幣而留存下來，甚至在 1895 年的香港鑄幣法中仍舊規定英國銀元和墨西哥鷹洋同是香港標準貨幣。

　　另一方面，1866 年的《香港上海滙豐銀行條例》給予同銀行發行鈔票的權限。1853 年 [29]，渣打銀行 (Chartered Bank of India, Australia and China) 開設香港支行，並於同年獲得發鈔權。有利銀行 (Mercantile Bank of India) 於 1907 年 [30] 開設香港支行，1911 年 [31] 獲得發鈔權。這三間銀行發行的鈔票流通範圍不斷擴大，漸漸與法定貨幣享有同等地位。歐洲戰爭後英國銀元流通額減少，鈔票與銀幣的

28　造幣局的機器賣予我國，現為被大阪造幣局的使用。
29　編者按，原文作 1853 年，應作 1859 年。
30　編者按，原文作 1907 年，應作 1857 年。
31　編者按，原文作 1911 年，應作 1862 年。

主客地位有所變化，英國銀元也只被小額使用，並且出現紙幣比銀幣價格更高的現象。[32]

　　眾所周知，在 19 世紀末至 20 世紀初期，南洋諸國紛紛從銀本位轉向金本位。荷印及日本分別於 1877 年及 1897 年採用金本位制。印度、菲律賓及新加坡則分別於 1893 年、1903 年及 1906 年採用金匯兌本位。但是，中國的幣制一直到 1930 年代仍維持銀本位。南京政府開始統一國內時，才在英國指導下於 1935 年廢止銀本位制，實行白銀國有以及禁止輸出白銀。香港相應也在 1935 年 11 月 9 日禁止輸出白銀。同年的 12 月 5 日政府公佈《貨幣條例》，放棄 90 餘年來一直採用的銀本位制，實行貨幣管理制。這個貨幣管理制度的機構設立基金[33]，給予外國買賣外匯的權限，並可操縱港幣外匯市場。於是，從前有發鈔權的銀行所持有的白銀被用作外匯基金，對此將白銀借入證券交給發鈔銀行，外匯基金又以借入證券為基礎，匯兌

32　馬寅初：〈滙豐銀行〉，《馬寅初講演集》（第三集）（上海：商務印書館，1929 年），頁 44-45。

33　成立外匯基金的目的是為了調節港幣的對外價值。這個基金的成立由香港政府財政司負責，在外設立由總督任命的外匯基金諮詢委員會，基金的運用需經過審查。上述財政委員會主席為財政部長，並任命香港上海滙豐銀行及渣打銀行的董事長為委員。1939 年 9 月，香港對英國外匯通道根據金融防衛條例固定在一先令三便士三十二分又三十。其各年度的年均對英匯率如下：一先令三便士十六分又三 (1936 年)、一先令二便士十六分又十三 (1937 年)、一先令二便士三十二分又二十七 (1938 年) 及一先令二便士十六分又十三 (1939 年)。

被承認的證券。

　　現在香港的法定貨幣包括：

　　一是由香港上海銀行（滙豐）、渣打、有利三家銀行的鈔票、銀本位廢止之後各銀行（高於沒有準備下所容許發行限度者）的白銀借入證券。

　　二是政府發行一元紙幣（Emergency One Dollar Note），這是為了預防由於銀幣回收導致貨幣不足而預先發行的。後來也沒有因為其作為臨時貨幣而被回收。

　　三是輔助貨幣，包括十分鎳幣、五分鎳幣、一分銅幣等。1941年由於銀幣不足，最終發行了以上三種小額紙幣。

　　現在政府發行的一元紙幣流通額達 700 萬元，三家銀行的鈔票在 1936 年以後各年末發行額如下表所示：

表 3-23　1936 年以後銀行各年末發行鈔票的金額

	香港上海滙豐銀行	渣打銀行	有利銀行	合計
1936 年	124,863	22,756	4,091	151,710
1937 年	199,689	25,172	5,175	230,036
1938 年	210,198	24,853	4,442	239,493
1939 年	195,232	25,525	4,844	225,601
1940 年	200,257	25,640	4,375	230,272

　　香港鈔票（尤其是香港上海滙豐銀行的鈔票）不僅在香港流通，現在也作為價值最穩定的貨幣在華南一帶流通。估計香港鈔票現在發行額的三分之二流通於華南地區，有一部分作為財產被保存，其餘則作為交易資本而被保存。港元在廣東的外國人租界沙面裏是唯一的流通貨幣。我國佔領廣東之前，廣東的外國人出口商在出口華南特產，例如生絲輸往外國時，都習慣在沙面的外國銀行兌換港元來支付給中國生絲商人。中國幣制改革前，在廣東不可能以廣東鈔票與倫敦作期貨買賣，只可用港元來交易。購入外匯時也必須用港元。因此，在華南地區作為外匯貨幣的港元擁有獨特地位。廣東被佔領後，港元仍保留其地位，甚至購入石油等特殊進口品或特產如鎢礦等也必須用港元交易。

二、香港的金融地位

　　香港是一個活躍的外匯交易中心。在香港的外國銀行可以進行匯兌業務，在香港也可以匯兌任何外幣。不過，與匯兌業務的關係最密切者是倫敦和上海。香港的金融地位來自其作為英鎊共同體和中國的匯合點。以下從香港與英鎊的關聯以及其與中國的金融關係作出討論。

　　第一，香港是華南進出口的外匯結算地。入口商（多數是香港的外商，有時是中國商人，也可能是廣東的外國商人或中國商人）首先向英國製造商下訂單，貨物到達後四個月入口商在給付的英鎊匯票上簽字。貨物到達後，入口商將這些貨品交付給華南的批發商，收取港元作為費用。批發商將貨物分賣給各個零售商，零售商把貨物賣給消費者，收取法定貨幣或者廣東鈔票，並將收入換成港元支付給批發商。另外，從華南地區的出口如上一章末所闡述，比如在華南地區出口生絲，出口業者先向採購商下訂單，採購商以法幣或廣東鈔票向生產者收購生絲，出口業者用港元向採購商收購這些商品。出口業者再用信用狀向銀行匯兌港元。雖然香港現在已不再是

華南進出口的中介地，但正如這個例子所示，華南地區的對外貿易在香港進行外匯結算，批發商和採購商都以港元支付，因此港元在華南各地都可以流通。

相對，若干華南特產（如家畜）在出口香港時要用法幣或廣東鈔票支付。從日本、上海入口的四至五類貨物或者從湖北入口的食品，在香港以外匯結算之後，再以法幣或廣東鈔票向華南倒賣。然而，法幣或廣東鈔票在香港卻不流通，因此需要在香港金銀貿易場進行交易。

上一節提到，香港作為華北、華南和華中之間的貿易轉口地，其匯兌也是在香港進行商定的。往上海的匯兌貿易需要先買進港元，物資銷售又是以法幣或廣東鈔票進行再換成港元。為進行上海匯兌交易，香港於 1926 年成立上海匯兌交易所，至今仍然存在。

除了金融貿易之外，另一項對香港重要的經濟活動是華僑匯款。華人到海外工作一般會到英屬馬來亞、荷印、泰國、法印、菲律賓、美國、澳洲等地。在外的華僑據説有 800 萬，他們多來自廣東和福建兩省，而他們的匯款一般會通過香港。各地華僑根據出身地形成不同的同鄉團體，這些團體委託匯款交易業者（又有信局、批

局，兼營收發信件) 向居住地匯款。這些同鄉團體或者僑匯交易者先將被託付的金額匯集，通過銀行在香港進行匯兌，再經由僑匯交易者的合作方換成港元，送到各個鄉里。這個僑匯的總額據説一年高達四至五億元，當中估計八成經由香港完成匯款。[34]

該委員會提出一個問題：若是為了穩定貨幣，使香港脫離銀本位將對香港的功能有何影響？報告談及了香港作為港口的功能、作為中國商人尤其是資本家安全避難所的功能、作為生產中心的功能、作為貿易中心的功能等幾方面，並得出以下結論：

> 我們認為香港在經濟上是中國的一部分，中國如果不脫離銀本位制則香港也不應脫離。如果香港的貨幣脫離銀本位制，華南地區將缺少國內以及與外國進行大型交易的唯一便利通貨媒介，缺少期貨契約可以成立的貨幣，和可

34　W. Y. Lin: "China's War-Time Monetary Policy", *Nankai Social and Economic Quarterly*, Vol. XI, No.1-2, p.145. 中國與香港之間的金融與貿易關係密切，故香港的貨幣制度與中國的貨幣制度分不開。再者，香港作為自由貿易港，其金融組織也享有最大的自由。這個原則在 1931 年香港貨幣制度調查委員會成立時已獲得確認。1929 年世界金融危機爆發以來，銀幣變動甚鉅，當時以銀為本位的港元匯率波動極大，為回應社會對穩定幣值的要求，英國殖民部任命設立了這個委員會。三名委員在 1931 年 4 月抵達香港後即着手調查，5 月完成名為 *Hong Kong Currency, Report of a Commission Appointed by the Secretary of State for the Colonies* 的報告。

以滿足鈔票供應的貨幣。

1935 年，南京政府的幣制改革是以穩定港幣為條件才得以成立，當然香港政府亦跟隨而把港元脫離銀本位制。這些不再贅述。因此，作為英鎊區與非英鎊區中國之間的匯合點的香港，在中國也被編入英鎊共同體後，就自然解決了二律背反的問題。然而，1937年中日事變以及 1939 年歐戰爆發，使兩個已經被統一的幣制再次分離。七七事變爆發後法幣的對外價值持續暴跌。在幣制改革時定下法幣兌換率為一司令二便士半，在 1937 年港元的大概平均值為一先令二便士十六分又十三，至 1939 年 9 月港元仍處於原來的二便士十六分又十三，但是法幣已貶值至僅有三便士。隨着 1939 年 9 月歐戰爆發，兩個幣制的矛盾漸漸在香港經濟上浮現。歐戰一起，香港政府馬上發佈以《金融保護令》（9 月 8 日）為中心的一連串金融管制令。這個條例從屬於英國戰爭目的，以防止資金流出，內容包括：

一、必須在獲許可的英國銀行或者香港外國銀行購入外匯。許可範圍則僅限於合理的商業需要及個人需要。

二、任何人不得與未獲許可證的從業者進行外匯買賣或者金銀買賣借貸。

　　三、獲得許可的銀行僅限英、美、日、中國等 19 家
銀行及 39 家中國銀行。

　　四、在未獲許可的情況下不允許將外匯或黃金挾帶出
香港。

　　五、不論數量如何，根據三大銀行要求，英鎊的外匯
匯率定為賣出價一先令二便士十六分又十三，買入價一
先令三便士。三大銀行不可在其交易中以一先令二便士
三十二分又二十五賣出，或一先令三便士三十二分又一的
買入價成交。

　　這個條例包含了以上項目，以制止資金自由流動。但是，香港
當局也另行設立規定，一方面禁止把外匯帶出香港，同時明確規定
作為發貨的鈔票、中央鈔票、中國鈔票和中國農民鈔票屬於例外。
這是考慮到香港與中國的特殊經濟關係，在作為英鎊聯盟的香港內
特別把以上貨幣劃出管制範圍外，英國應該是想將法幣與英鎊回歸
到分離的狀態。沒有禁止把港元與法幣帶出香港，實際是想通過上
海獲得外匯，故允許從英鎊區流出外幣。因此，英國當局一方面給
予香港特殊地位，同時也將它當作「海外英貨區」，從香港到英帝國
其他地區的出口實施了份額分配和非特惠待遇，即使英國人接受倫

敦的匯款，待遇也和其他外國人一樣。

　　此舉對中國的資金自由流動政策雖然多少有點動搖，不過政策也一直持續到 1941 年。在遠東地區逐漸連結起來針對日本的經濟封鎖陣營，果然在 1941 年 7 月積極封鎖日本及中國資金。香港也跟隨封鎖兩國資金，也不允許在從香港自由流動的對華資金。同年 8 月 1 日，香港確認被編入英鎊聯盟，與其他英鎊地區一樣發佈了相同的處理外國匯兌臨時規定。規定訂明，在香港進行與英鎊區以外國家或地區的匯兌，只限於商業所需、旅費以及其他個人所需方獲批准，而處理外國匯兌也僅限於在英國、美國、荷蘭及重慶政府的 12 家銀行進行。

　　在 1941 年春季成立但尚未開始任何具體行動的美、英、中三國穩定基金，也在凍結令實施時積極啟動。同年 8 月 18 日開始在上海以五元三一二五，三便士一五六二五的匯率開始賣出外匯。同時，在香港的香港上海滙豐銀行也提出對上海的匯率定於 460。此外，穩定基金開始加強公定匯率，以減低自由市場匯率的作用。港英政府和穩定基金合力干預匯率及法幣的交易。9 月 8 日，上海和香港同時禁止持有外匯交易權的銀行在自由市場買賣外匯。對上海的自

由市場匯率只通行於香港的中國銀行。9 月 22 日，香港銀行凍結法幣存款、禁止用法幣結賬、只認可港元結賬，以遏制法幣紙幣的投機活動。11 月 6 日，凡公司持有 30,000 元以上或個人持有 5,000 元以上法幣必須登記，並且法幣的外匯貿易必須以 469 賣出、473 買入的匯率進行，進一步取締法幣，以根絕本地華資銀行集團走到上海的外匯黑市。而金銀貿易場的貿易也瀕臨終止。

　　至此，香港根本杜絕了法幣的自由交易，與中國的金融關係也僅限於通過重慶的銀行與重慶政權管治下的中國內地進行貿易，而與上海的貿易結算也必須在嚴格的許可制度下進行。香港當局甚至放棄了「作為華南金融中心」這個可稱為「金科玉律」的發展政策。現在香港實行自我隔離，它與澳門的貿易也基本斷絕。香港不再是以往那個標榜門戶開放、以縱橫中國經濟為目標的英國金融要塞。將 ABCD 經濟陣營的前線讓予美國後，香港不過是守衛對日包圍圈的厚厚城牆下的一個角落。對香港來說，這不是攻擊日本，而是從中國撤退。

在香港的投資

一、英國的投資

　　我們在第二章概觀了英國投資如何形成香港經濟的骨幹。借助鴉片貿易和苦力貿易迅速形成的英國商人資本，在 1865 年率先投資於以香港為中心的基礎事業，包括海運業和造船業。另外，為了貿易和金融需要，香港上海滙豐銀行亦在同一時代成立。接着，主要貿易商在 1870 年到 1880 年間開始分散投資，並在中國沿岸開設汽船公司。在 1890 年前後開始投資碼頭、倉庫和其他製造業。大概在 1900 年以後，華人資本也開始投資於各種事業，而今天香港具代表性的企業也漸次成立。

　　我們可以想像香港的投資結構為一座金字塔形的四層高建築物。最上層是香港上海滙豐銀行。金融資本尖塔的第二層，是由繼承廣東時代英國商館傳統的英國貿易公司和船舶公司組成，他們正正掌握了香港經濟機構的支配權。其首腦即所謂的「大班」，對華人來說則稱為「外國貴族階級」。香港上海滙豐銀行即是其力量集中的

體現。他們的資產分散投資到各種企業。第三層是由這些英國貿易公司管治的諸企業。他們大部分根據香港法例採行公開股份制。英國資本形成尖塔的最上層和第二層，而第三層中包括了華人資本的投資。雖然香港華人財閥在這類公司中也佔據與英國人差不多的董事席位，但是第三層的指導權基本上落在英國資本手中，華人資本只能處於從屬地位。第四層是由零碎的華人資本組成的廣泛基底。他們皆屬於小規模，結構複雜多樣，大體可以分為兩類。第一類是相對較新而發展快速的華人製造工業；第二類是所謂「行」或「莊」的華人商業資本。英國資本管制不了這一層，遂決定統一不支配這一層。香港開埠以來一直奉行以華人自身傳統、法規、習慣管治華人階層的政策。在香港，與總商會（General Chamber of Commerce）相類似，也建立了華商總會之類的個別商業會所。社會上的最高三層與最低層完全隔絕，這也是香港經濟組織的一個特性。然而，英國資本傳統以老奸巨猾見稱，他們讓華人資本自行運作，在不需要承擔任何經濟負擔下就可以把華人資本據為己有任意使用。第四層的資本最能巧妙利用香港引以為傲的低廉自由港地位，然而，香港卻缺乏了由均質資本構成的經濟組織的那種強韌性。正如聖經《啟示錄》中金頭泥足的巨人像，香港也是一頭以英國資本為頭、華人資本為腳的經濟生物。

對英國資本在香港投資的總額有各種說法，根據我國一個研究機關的調查，1936 年英國在香港投資了 69 家企業，存入資本金 1 億 4,930 萬港元，使用資本額為 13 億 4,528 萬港元。各界別分別投入的資本如下表：[35]

表 3-24　英國在香港各界別投入的資本（單位：港元）

界別	企業數量	存入資本金	使用總資本金
金融	5	33,540,250	1,164,738,907
工業	12	10,331,365	33,897,879
公共事業	7	24,946,691	38,638,259
航運業	5	9,975,555	17,438,294
貿易業	32	40,757,061	40,515,756
其他	8	29,483,864	50,055,987
合計	69	149,034,786	1,345,285,082

根據香港法例，企業形態的情況如下表：

35　在香港法律下不同企業形態投入的資本（單位：港元）

表 3-25　香港不同企業形態投入的資本（單位：港元）

企業形態	數量	存入資本金	使用資本金
公共公司	31	108,277,725	1,269,208,474
私人公司	25	40,497,061	55,817,610
個人商店	13	260,000	286,000
合計	69	149,034,786	1,325,312,084

表 3-26　存入資本金的變化

年份	存入資本金	指數
1913 年	52,804,730	100
1924 年	84,821,507	161
1927 年	87,642,652	166
1935 年	102,350,627	193
1938 年	114,233,203	213

　　在這 69 間公司中有 32 間是貿易公司，當中較重要的有十多家。這些公司（主要經營海運業、金融業之二三[36]）與英國企業同是構成香港經濟第二層的關鍵，在管治其餘各種企業的同時，也為香

36　編者按，原文如此。

港上海滙豐銀行提供董事會成員。主要的英國貿易商名稱如下表：[37]

表 3-27　香港主要英國貿易商[38]

公司名稱	業務性質	設立年份
怡和洋行（Jardine Matheson）	貿易	1782 年
太古洋行（Butterfield and Swire）	貿易	1867 年
天祥洋行（Dodwell and Co.）	貿易	1858 年
新旗昌洋行（Shewan Tomes & Co.）	貿易	1891 年
仁記洋行（Gibb, Livingston & Co.）	貿易	1835 年[39]
和記洋行（J. D. Hutchison & Co.）	貿易	1891 年
太平洋行（Gilman & Co.）	貿易	1842 年[40]
堪富利洋行（Humphrey & Co.）	貿易	1880 年
泰和洋行（Reiss, Bradley & Co.）	貿易	1936 年
沙宣洋行（David Sassoon & Co.）	貿易	1845 年
得忌利士洋行（Douglas, Lapraik & Co.）	船舶代理店	1883 年

　　香港上海滙豐銀行處於這些英國公司之上，能在香港與中國的

37　這裏所指的是公司在香港設立的年份，中間曾經歷改組。這些公司都是在廣東時代或者香港開埠後由個別商人來到中國創業，然後擴展業務，公司慢慢擴張。上海太古洋行於 1867 年創立，香港太古洋行則在 1870 年創立。另外，沙宣洋行先在上海成立，然後才到香港。

38　編者按，公司中文名稱由編者補入。

39　編者按，原文作 1835 年，應作 1836 年。

40　編者按，原文作 1842 年，應作 1841 年。

英國金融財政政策中順利發揮功能。銀行董事會中的常務理事現為
祁禮賓爵士（Sir. V. M. Grayburn），常務理事一職每年會在上述公司
代表中輪選。1941 年銀行的董事會組成架構如下：

表 3-28　香港上海滙豐銀行董事會組成架構[41]

會長	J. J. Paterson	怡和洋行大班
副會長	C. C. Roberts	太古洋行代理經理
理事	J. K. Bousefield	亞細亞火油公司總經理
理事	A. H. Compton	沙宣洋行經理
理事	L. J. Davies	仁記洋行董事
理事	S. H. Dodwell	天祥洋行董事
理事	G. Miskins	太平洋行董事
理事	K. S. Morrison	泰和洋行董事
理事	T. E. Pearce	和記洋行東主
理事	A. L. Shields	新旗昌洋行東主

　　這十家公司中如怡和及太古是掌握直接管治下的多事業公司，
形成了一種康采恩（Concern）[42] 壟斷模式，也向主要事業公司派遣董

41　編者按，公司中文名稱由編者補入。

42　編者按：即通過由母公司對獨立企業進行持股以達到支配功能作用的壟斷企業形
　　式。在二次世界大戰前，在日本也稱為「財閥」。

事會代表。在香港的英國公司基本上都由這十家公司管治。而香港
上海滙豐銀行也進行事業投資，同時也是 26 家公司的大股東。這些
公司以事業類別來分，如下表所示：

表 3-29　香港上海滙豐銀行投資的公司（以事業類別分，單位：港元）[43]

公司名稱	公司資本金	創立年份	資本系統或要職派遣
一、海運業			
太古輪船公司 （China Navigation Co.）	1,000,000	1873 年	太古洋行
怡和輪船公司 （Indo-China Steam Navigation Co.）	1,200,000 （鎊）	1881 年	怡和洋行
德忌利士輪船公司 （Douglas Steamship Co.）	1,000,000	1883 年	得忌利士洋行
麥金農麥肯錫公司 （Mackinnon, Mackenzie & Co.）	1,110,000		仁記洋行
省港澳火船公司 （HongKong Canton & Macao Steamboat Co.）	1,000,000	1865 年	怡和洋行
於仁水艇公司 （Union Waterboat Co.）	490,010	1889 年	天祥洋行

43　編者按，公司中文名稱由編者補入。

續上表

二、造船業			
黃埔船塢 (Hong Kong Whampoa Dock Co.)	10,000,000	1865 年	得忌利士洋行、天祥洋行、怡和洋行
太古船塢 (Taikoo Dockyard and Engineering Co.)		1908 年	太古洋行
庇利船廠 (W.S. Bailey & Co.)	500,000	1909 年	
三、製造工業			
青洲英坭 (Green Island Cement Co.)	6,000,000	1887 年	怡和洋行
太古糖廠 (Taikoo Sugar Refining Co.)	200,000 （鎊）	1894 年	太古洋行
香港蔴纜廠 (Hong Kong Rope Manufacturing Co.)	200,000	1884 年	新旗昌洋行
惠保打樁公司 (Vibro Piling Co.)	215,000	1929 年	
四、碼頭			
九龍倉 (Hong Kong & Kowloon Wharf & Godown Co.)	400,000		怡和洋行、沙宣洋行、天祥洋行、仁記洋行
均益貨倉 (China Provident Loan & Mortgage Co.)	4,500,000	1896 年	

續上表

藍煙囱貨倉碼頭 (Holt's Wharf)			太古洋行
五、公共事業			
香港電話公司 (Hong Kong Telephone Co.)	5,000,000		怡和洋行、 新旗昌洋行
香港電車公司 (Hong Kong Tramways Co.)	80,000（鎊）	1902 年	怡和洋行、 和記洋行、 沙宣洋行
香港電燈公司 (Hong Kong Electric Co.)	6,000,000	1889 年	仁記洋行
天星小輪公司 (Star Ferry Co.)	1,000,000	1898 年	怡和洋行、 沙宣洋行、 天祥洋行
山頂纜車公司 (Peak Tramways Co.)	750,000	1885 年	堪富利洋行
六、保險、信託、地產公司			
香港火險公司 (Hong Kong Fire Insurance Co.)	2,000,000	1868 年	怡和洋行
廣東保險公司 (Canton Insurance Office)	2,500,000	1836 年	怡和洋行
中華火險公司 (China Fire Insurance Co.)	2,000,000		天祥洋行、 太平洋行
保寧保險公司 (British Traders' Insurance Co.)	1,000,000 （鎊）	1865 年	天祥洋行、 太平洋行
旗昌保險公司 (China Underwriters)	2,560,000	1924 年	新旗昌洋行

續上表

於仁保險公司 (Union Insurance Society of Canton)	2,000,000	1835 年	天祥洋行
香港置地公司 (Hong Kong Land Investment & Agency Co.)	10,000,000	1889 年	怡和洋行、 沙宣洋行、 和記洋行
香港置業信託公司 (Hong Kong Realty & Trust Co.)	2,000,000		
香港信託公司 (Hong Kong Trust Corp.)			
堪富利士資産公司 (Humphreys Estate & Finance Co.)	3,000,000		有利銀行、 堪富利洋行
七、其他			
牛奶公司（食品） (Dairy Farm, Ice & Cold Storage Co.)	2,250,000	1887 年	天祥洋行、 和記洋行、 怡和洋行、 仁記洋行
屈臣氏公司（藥物、飲品） (Watson & Co.)	1,500,000	1884 年	堪富利洋行
香港上海大酒店 (Hong Kong & Shanghai Hotels)	15,000,000	1866 年	
亞細亞火油公司（南中國） Asiatic Petroleum (South China)			

表 3-30　香港上海滙豐銀行與投資公司資本系統關係圖

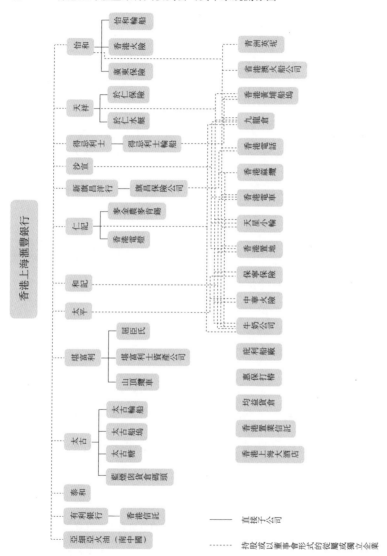

這個資本系統的圖解如上圖。

　　上圖展示了香港資本投資的前三層，位於第一段的香港上海滙豐銀行轟立於香港各企業之上，本身歷史悠久。它的董事會由英國公司的重要代表組成。第二段包括亞細亞火油這些香港本地公司，由於比較新，所以還沒有其他投資關係，但是也可向香港上海滙豐銀行董事會派出代表，屬於較特別的例子。中間的第三段和第四段是我們所謂的第三層英國系企業，第三段是作為直接子公司從屬於第二段，第四段是以持股或董事會形式的從屬或獨立企業。

　　至於第三層的華人資本，主要由本地華人財閥持有。以下是華人財閥的代表人物和其公司介紹：[44]

一、何東（Sir Robert Hotung）

　　省港澳火船公司董事、香港電燈董事、香港黃埔船塢董事、香港蔴纜廠董事、香港九龍倉董事、均益貨倉董事、青州英坭董事、香港上海大酒店董事、香港火險理事。

44　這些香港華人實業家除以華人資本成立了幾家企業的董事會外，又與英國公司大班一同被任命為太平紳士（Unofficial Justice of Peace），在政府立法局、行政會議中有民間華方代表地位。太平紳士是香港華人貴族別稱，一般擔任公共團體、社交團體的會長或幹事，扮演英國人與華人之間的聯合者、斡旋者角色。英國政府為此給予爵士（Sir）的名銜並優待之。

二、周壽臣（Sir Shouson Chow）

香港電話公司董事、香港電燈董事、香港電車董事。

三、李子方（Li Tse-fong）

省港澳火船公司董事、青州英坭董事、均益貨倉董事。

四、羅旭龢（Sir Robert Kotewall）

香港電話公司董事

五、羅文錦（Lo Man-kam）

香港上海大酒店董事、省港澳火船公司董事。

總結來說，英國在香港的投資有以下特性：

一、在香港的英國資本以英國貿易商和船舶業者為首的十餘家

財閥佔據獨有地位，他們同時在其他主要產業位居要職。

二、以類別來看，貿易業排第一，金融和保險業排第二，公共事業排第三，製造工業位居第四。

三、股份資本不甚發達，債券市場基本上也不發達。

此即是說，怡和與太古等少數財閥在香港各界別中有着縱橫交錯的組織網絡，這些財閥很少會利用外部資本和公開股份，而公司大部分股份都集中在這些財閥手上。發行債券以利用外界資本的情況同樣不多。根據上述研究所的調查，各個企業的資本可區分為自有資本和外來資本，除了金融類，其他企業的自有資本平均佔比達到 84.4%，而佔比超過 90% 的公司亦非少數。這可以說體現了英國資本如何堅碩，也突顯了香港財閥的封鎖性。英國公司與華人資本有着一種特別的關係：英國人掌握了傳統產業的關鍵職位，其他領域則委派華人出任，希望把他們同化，同時又不主動發展新的領域。此舉導致香港的英國資本變得保守和停滯不前。

二、華人資本

要估計香港華人投資的數字極為困難。那是因為華人資本多數以匿名組合或者私人形式經營。香港投資金字塔的第四層即是由華人資本形成的最底層。正如前文所述，投資分為兩個部分：第一是投資中小製造業，第二是投資商業。

不過，除了第四層外，也有華人資本進入第三層。這些投放到根據香港法例成立的公司和企業中的資金也可分為兩類：一是投資前述的英國企業。這些代表華人資本的華人財閥會被安排擔任英國系公司的董事，一如前文所述。不論電話、電燈、船塢、碼頭、倉庫、保險、水泥、麥酒、蔴纜製造等公司中都有華人資本投入，投資總額據說有 5,000 萬港元。[45] 二是純粹由華人資本組成的近代組織形式公司和銀行。他們在數量和實力方面都非英國系企業的對手。其出入口部門也比較有限，一般集中在商業、金融、公共事業等。製造業的公司組織則不多，主要如下表所列：

45　S. S. Chow: "Chinese Parts in Development of Hong Kong". *Far Eastern Economic& Commercial Journal*, Vol. 2, no. 10, 1939 October. p. 5.

表 3-31　由華人資本組成的金融、商業和公共事業

	資本金 (港元)	設立年份
金融 [46]		
廣東銀行	10,000,000	1918 年
東亞銀行	2,000,000	1919 年
國民商業儲蓄銀行	2,000,000	1923 年
香港汕頭商業銀行	1,000,000	1934 年
嘉華儲蓄銀行	2,000,000	1922 年
康年儲蓄銀行	407,000	1916 年
商業 (百貨公司)		
永安公司	8,000,000	1907 年 [47]
先施公司	10,000,000	1900 年 [48]
大新公司	4,000,000	1912 年
中華百貨公司	2,000,000	1931 年
公共事業		
中華汽車公司	500,000	1923 年

46　在上一篇參考論文中，香港的中國銀行的資本總額，僅限在香港的總行。近代公司
　　形式的銀行和舊式銀號加起來有 3,000 萬港元，筆者認為太少。

47　永安公司 (Wing On Co.) 有如下子公司，包括與銀行、保險業相關的永安人壽保險
　　有限公司 (Wing On Life Assurance Co.) (1925 年創立，資本金 500 萬元)；永安水火
　　險有限公司 (Wing on Fire & Marine Insurance Co.) (1915 年創立，資本金 50 萬元)；
　　永安銀行 (Wing On Bank) (1934 年創立，資本金 500 萬元)。

48　先施公司 (Sincere Co.) 有如下子公司：先施保險置業有限公司 (Sincere Insurance &
　　Investment Co.) (1912 年創立，資本金 100 萬元)；先施人壽保險有限公司 (Sincere
　　Life Assurance Co.) (1920 年創立，資本金 100 萬元)；先施化粧品有限公司 (Sincere
　　Co. Perfumery Manufacturers) (1926 年創立，資本金 100 萬元)。

續上表

	資本金（港元）	設立年份
九龍汽車公司	—	—
香港油蔴地小輪公司	1,000,000	1924 年

　　這些公司的董事會都由前文所述的太平紳士所佔據。這些人的投資在香港整體投資中，佔據了第三層的其中一部分，另外一部分則構成了支撐英國資本形成的上半部分，即構成第四層的廣泛華人資本。在第四層的華人資本中，一部分投資於工業。如前所述，香港的工業比重不大，因為香港不具備發展大工業的地利，而且鐵和石炭等天然資源都要從遠隔重洋的外國運到香港。另外，香港土地狹小，工廠不能自由選址，而且不具備優質的工業用水。算是有利的條件包括距離華南及南洋的市場近，而且擁有因人口過剩而衍生的低廉勞動力。除了港灣所必需的造船業較發達外，香港的工業以輕工業為主，並且中小型工廠較多，而纖維工業、雜貨製造業以及家庭手工業則最多。英國資本基本上不染指這些工業。

　　不過，華人工業最近的發展也頗值得關注。在貿易調查委員會 1934 年的報告中，在香港的歐洲人 1920 年的工業投資額為 5,000 萬元（包括碼頭、水泥業、製糖、蔴纜製造、公共事業），其後並無大

變化。而華人的工業投資在 1920 年是 17,488,915 元，在 1934 年則達到 50,244,300 元。華人在最近 30 年間經營工業，在 1930 年大小規模的工廠已達到 800 餘家，然而，受世界經濟危機影響，1935 年減少至 704 家，至 1937 年則回升到大概 769 家。但隨着中日事變發生以及上海和廣東的工廠不斷南移香港，1939 年的數目增加至大概 1,024 家，如加上未有登記者可達 2,000 餘家。雖然發生歐洲大戰，導致 1941 年下半年起陷入缺乏原材料的困境，但在 1941 年上半年以前香港的工廠大體上都呈現理想發展。當然雖說理想，但大型工廠較少，大部分還屬於小規模。在 1939 年 7 月香港政府勞工處公佈的數據中，工廠多為家庭工作坊模式。

表 3-32　香港工廠模式

	香港	九龍
純工廠	113	180
由住宅改造	409	1,411

關於華人工業的資本總額沒有最近期的調查數據，上述貿易調查委員會 1934 年的報告是唯一數據。而各工業部門分類的投資如下

表所示：[49]

表 3-33　香港各工業部門分類投資的資本額

	港元
飲用水製造	1,730,000
麵包糕點製造	2,386,900
螺絲及螺絲帽	11,000
煉瓦、水泥、瓷磚	757,000
炮仗	4,884,900
染色	335,000
電氣鍍金	55,000
手電筒電池	144,300
手電筒及燈泡	751,000
土木工程	464,100
羊毛毯子及軟木塞	233,500
羽毛	219,000
家具	170,000
精米、精粉	53,000
玻璃	333,000

49　*Reports of the Commission Appointed by H.E. the Governor of Hong Kong to Enquire into the Cause and Effects of the Present Trade Depression in Hong Kong and Make Recommendations for the Amelioration of the Existing Position and for the Improvement of the Trade of the Colony.* July 1933-Feb.1935. 這個調查中對工廠數目的估計過低。但是調查中缺少了小型工場，因此資本額約 5,000 萬大概是當時的全部投資額。

續上表

	港元
印刷用油墨	65,900
針織布	5,679,700
皮革製品	130,500
雜項	20,690,800
金屬器具	912,200
蚊香	230,000
製藥、香料	5,940,000
製麵	21,000
罐頭	1,175,500
印刷及文具	4,902,500
花生油	310,000
膠鞋	1,060,000
藤及繩製造	213,000
襯衫、手巾	176,400
精糖	345,000
製材製箱	924,000
造船	489,000
肥皂	107,000
紅色及白色鉛染料	205,000
資本總額	51,244,300
工廠數	49 家

　　關於現在的投資額暫沒有直接的調查。假設資本額增長以工廠數目增加的比例來計算，約有 46% 增長，應該可以超過 1939 年的 7,400 萬元。而中日事變以來，上海和廣東的工業南移香港，如果建成較大規模的工廠，這個增幅應不算過大。[50]

　　與華人工業投資相關是被稱為「行」或「莊」的華人商業資本。這些華人商家從事與內地、南洋、美國和澳洲等地的貿易，以及其他商品的批發零售。其結構複雜多樣，多以匿名組合或者個人的小規模形式經營，資本總和甚大，與華人工業資本一同構成香港投資基礎的第四層。這些商業資本中資歷最深厚者要算從事貿易的南北行，以及被稱為「金山莊」的商人團體。南北行作為南洋和中國之間貿易的中介，主要從事米、砂糖、油、藥材的進出口貿易。它利用自有船舶的船腹從南洋進口物資。金山莊則從事與美國和澳洲之間的貿易，主要將中國內地的物資輸往兩地。

　　要計算這些華人商家的資本幾近不可能，但是由香港日本商工

50　中日事變下顯著增加的華人工廠類別包括罐頭業、防毒面罩製造（新增）、針織品、製藥、雜金屬製品、印刷、橡膠製品、製罐、織布。主要的新興工廠有天廚味精廠（資本金 2,200,000 元）、香港製釘（資本金 200,000 港元）、堅民橡膠（資本金 500,000 港元）、燦華電機（資本金百萬元法幣）、合眾自動車（資本金 300,000 港元）、新亞製藥（資本金 200,000 港元）等。

會議所編的《香港年鑑》(1941 年版) 列舉了各行業種類的營業額
數據。[51]

表 3-34　《香港年鑑》(1941 年版) 中香港各行業種類的每年營業額 (單位：百萬元)

行業種類	營業額
米	40-50
花生油	15
小麥粉	7
雞蛋、鴨蛋	8
海產	3
燕窩	1.5
刺繡品	1
絹布	6
漬物	1
糖薑	3
柴	6
鮮魚	6
茶	10
冷飲	1
洋酒	3
牛奶	5

51　《香港年鑑》，1941 年 ，頁 127-128 。

續上表

行業種類	營業額
鹹魚	6
鱔	2
鹽	2
砂糖	8-9
罐頭食物	7
生果蔬菜	12
西藥	7
洋服	4
時鐘	2
漂染品	5
中藥	10
洋雜貨	60
絹刺繡	0.4
絲、和服	50
化妝品	4
肥皂	1
薰香	5
寶石	10
金銀細工	3
草蓆	10
家具	3

續上表

行業種類	營業額
玻璃	3
故衣	1.3
皮衣	3
皮具	4.5
線香	2
象牙	2
各種機械油 / 燃料油	70-80
石炭	20-30
酒樓餐室	35
炮仗	5
竹及其他山貨	40
陶瓷器	2
洋紙	10
食物亭	20
攝影	0.3
電器	5
新舊鋼鐵	30
毛皮	5
顏料	8
麻袋	5
木材	3

續上表

行業種類	營業額
建築物	70
樟木櫃	2
油漆	3
小藤器	5
礦石	50

　　以上總計約 6 億 5,000 萬元。如果按照年資本回轉率五次、年利率 30% 還原，投資額大概是 9,100 萬元。當然這其中有不少重複與錯漏，故以此來理解華人資本的概念十分危險。不過在沒有其他可供參考的數據下，就暫且以此來估算。

　　以上概述了英國資本與華人資本在香港的結構，以下會討論有關土地建築物的投資。香港的投資其中一個特徵是土地建築物投資額過大。1934-1935 年度土地建築物應課稅額（rateable value）據説是 38,641,859 元。[52] 這些如以年利率 7% 還原，香港在土地建築物的

52　同上報告，香港土地建築物應課稅額過去 20 年間的變化如下（單位：港元）：
　　14,287,285（1915-1916 年）、14,282,186（1916-1917 年）、14,410,153（1917-1918 年）、
　　15,638,736（1918-1919 年）、16,304,801（1919-1920 年）、17,408,959（1920-1921 年）、
　　18,696,660（1921-1922 年）、19,802,929（1922-1923 年）、21,059,700（1923-1924 年）、
　　22,147,951（1924-1925 年）、27,287,862（1925-1926 年）、27,998,237（1926-1927 年）、
　　29,016,439（1927-1928 年）、30,395,447（1928-1929 年）、31,617,566（1920-1930 年）、
　　33,069,602（1930-1931 年）、35,071,566（1931-1932 年）、37,457,725（1932-1933 年）、
　　38,941,273（1933-1934 年）、38,641,859（1934-1935 年）。

投資不少於 5 億 5,000 萬元。這些並不包含政府、海陸軍及其他免稅的土地和房舍。按該委員會的計算，該年度香港各公司（金融公司除外）的股票總額為 1 億 5,000 萬元（但公司資產中有相當部分是土地建築物）、對華人工廠的投資 5,000 萬元（其中包括土地建築物）、紙幣發行總額 1 億 6,000 萬元，其中只有 25% 在香港流通。數據顯示香港的財富有相當部分投資於土地建築物。

1936 年以後的數字未能取得，在中日事變後，香港對華人資本家來說是一個資產避難所，因此投資土地建築物激增的情況不難想像。上述數字雖然沒有區分英國和華人資本，但一般投資於土地建築物以華人資本為主。如中國銀行因為對工業投資有限制，因此土地建築物成了最好的投資對象。

三、日本公司

日本公司在香港的歷史要從 1873 年（明治六年）開設領事館後，大阪商船、三井物產、日本郵船等具實力的公司開設分部開始。自那時起，隨着我國經濟發展，在香港的日本人增加，本地的日本公司數量也漸增。在第一次歐戰後更顯著上升。

　　根據香港日本商工會議所的調查，1941 年 3 月 10 日記錄現有
貿易業公司 58 家、銀行 3 家、海運業 3 家，其他日用雜貨品零售業
者、艦船日用品公司、飲食、旅館、理髮等雜業 37 家。[53] 即從工種
分別來看，貿易業的數目很多，大部分是小規模的，日本有實力的
貿易公司約有 10 家分店，都很有地位。銀行和海運則是日本大型銀
行和大型船舶公司的分店了。

　　在香港的日本公司的投資額並不特別顯著。根據前述研究所的
調查，1936 年（昭和十一年）末僅達 2,250,000 港元。其後再沒有進
行調查，不過可以想像 1941 年（昭和十六年）3 月時，也沒有超出
2,500,000 港元。同年 7 月，香港政府凍結我國資金，日本公司的數
目及投資額均大幅下跌。

53　香港日本商工會議所編《香港年鑑》，1941 年，頁 129。

四
東亞現今之形勢
與香港

滿洲事變到盧溝橋事件

　　新階段的東亞形勢從 1931 年滿洲事變開始。從第一次歐戰起，英國勢力減弱，日本勢力抬頭，導致了勢力關係出現變化。1902 年以來，英國與日本原是同盟國，但滿洲事變後英國開始把日本視為競爭對手。而在中日事變後，英國的對日政策搖擺不定，徘徊於該把日本這個競爭對手視為明顯敵人，還是該以綏靖政策對待日本這兩種情況之間。

　　滿洲事變發生後，英美兩國通過國際聯盟努力阻止我國行動以及滿洲國獨立。但是，卻是以運用《李頓報告書》(Lytton Report) 以及逼使我國退出國際聯盟告終，這對於阻止東亞新勢力抬頭一點效果也沒有，不過再一次證明國際聯盟毫無能力罷了。不能否認，其中一個原因是英美行動不一致所引起。美國並非國際聯盟成員，但當時的美國國務卿史汀生 (Henry Stimsom) 卻向聯盟理事會派遣代表，認為聯盟對日態度應該更加強硬。然而，英國的態度並不積極。1932 年 2 月，史汀生遊說當時身處日內瓦的英國外交部長西蒙 (John Simon)，由英美根據《九國公約》第七條共同制裁日本。但英國對此

沒有正面回應，史汀生因此斷定英國無意進行共同行動。[1] 1932 年，英國仍處於世界經濟危機中，加上德國的國家社會黨將要執掌政權，面對這樣的困難，英國實在沒有能力兼顧在遠東的另一場紛爭。

這時，英國對遠東的輿論態度，處於「對日妥協論」以及「對美提攜論」兩相對立的情況。1934 年夏天，倫敦皇室國際問題研究所針對這個問題進行了研討會。艾倫教授（G. C. Allen）以日英兩國的繁榮和增進國際貿易自由為由，提倡對日友好論。日本協會會長沙雷（C. V. Sale）認為，1922 年廢棄日英同盟對兩國國民以及世界和平來說都是一場大災難。相反，齊默恩教授（Alfred Zimmern）則以對美提攜論與之對抗。*Roundtable* 雜誌亦加入這場論戰。該雜誌登載的一篇文章中指出，英國勢力在遠東不及海峽殖民地以東，不能以一己之力阻止日本。揚子江的貿易和香港彷彿是握在日本手中的人質。因此，今日在東洋的中心問題，在於英美是否攜手而起。[2]

英國與日滿關係拉近，最顯著的一個嘗試是 1934 年 10 月派遣

1　I. S. Friedman, *British Relations with China: 1931-1939* (New York: Institute of Pacific Relations, 1940), pp. 31-32.

2　*British Relations with China: 1931-1939*, pp. 54-58。

以班比勳爵（Lord Barnby）為首席的英國產業聯盟使節團赴日。使節團與日本滿洲國的經濟界人士會談，簽訂了 1935 年度的對日《滿鐵鋼供應協定》（實際上沒有進行交易）。使節團對滿洲國的意見至少不是正面標榜《九國公約》的正式論調：

> 滿洲國居民沐浴在安全而有秩序的政府恩惠之下。他們可以免除軍閥苛政，處於合理稅制，享受健全的通貨利益。……從這些事情來看，較能判斷滿洲國有多大可能成為工業製品的市場。
>
> 雖然前路困難重重，但我們相信克服了這些困難，達至經濟繁榮，便能使滿洲國及諸外國也能蒙受這個利益恩惠。

但是，英國這種對日妥協的態度，並不是源於理解了日本的地位以及自己在東亞的界線之後希望尋求合作，而是因為英國把日本視為敵人，認為自己最容易受到日本嚴厲打擊，因此在一定程度上對日本妥協和放任。又因為 1933 年希特拉就任總理，歐洲進入了多事之秋，無暇東顧，以致英國只能選擇與日本妥協。導致英國採取這種態度還有另一個主要因素，即 1934 年滿洲國實施石油專賣法，

以及日本退出了《華盛頓海軍條約》。

　　然而，因為英國與日本也通過經濟援助南京政府而確保了各自
在華的優勢，所以英國對日本的妥協不論成功與否也並不重要。英
國在這一點上對美國毫不讓步，只關心如何強化自己的獨佔地位。
為了這個目的，英國首先透過於 1931 年成立的中英團匪（義和團）
賠償金管理委員會，利用義和團事件的賠償金。這筆賠償金於 1933
年起被用於建設鐵路和援助其他所謂的國民經濟建設。計劃中有一
個是於 1934 年成立的 150 萬鎊粵漢鐵路貸款。而其他如津浦線、膠
濟線、滬杭甬、隴海等各條鐵路也進行貸款，並成功把英國鐵路材
料向中國傾銷。

　　另外，1935 年夏天，英國派遣李滋羅斯爵士（Sir Frederick
Leith-Ross）到遠東。眾所周知，李滋羅斯使團來華最終導致中國幣
制改革，放棄銀本位，並與英鎊結合。這是因為要解救中國因為白
銀恐慌而導致的經濟危機，同時對抗日本而確立中英在東亞的結盟
勢力。而且，這不單是為了對抗日本，也有向美國展示英國金融霸
權之意圖。李滋羅斯使團所反映的英方要求，在李滋羅斯 1936 年回
國時發表的聲明中表露無遺：

　　　　中國的發展必須投入更多資本。而英國的出口應該是
最有希望的部分。……過去英國為支持中國的鐵路發展給
予了許多幫助，不幸對於這些債務能否償還，至今還沒有
把握。……當然還應謹記中國不履行各種義務，主要是因
為長年內亂與社會崩壞。如果能合理解決舊債，並提供資
金協助現有的鐵路擴張，應該可以打開其對外貿易的廣大
領域。[3]

　　不論以往英國對中國的貸款條件如何不合理，英國在霸權主義
下，真正意圖是希望中國在實現現代化後，能成為英國工業製品的
潛在市場。在這種政策下，值得注意英國在華南地區的一個龐大投
資計劃。在探討這個計劃之前，先簡單說明香港的一般狀況。前一
章已交代，香港在這個期間和中國其他地方同樣處於白銀恐慌。從
1929 年開始的世界危機，在這兩年間並沒有給予中國顯著的打擊。
由銀價下降而導致的物價上升對中國的影響顯現較慢。然而，1931
年英國首先脫離金本位，接着我國亦仿傚之。至此銀價對英鎊與港
元才開始上升。1934 年起，美國開始實行白銀政策，銀價愈加上升，

3　　*British Relations with China:* 1931-1939, p. 69。

並大量流出中國。當時採取銀本位制的港元在 1934 年 5 月對英鎊為一先令四便士四分之三，1935 年 5 月為二先令一便士四分之三，之後升至二先令六便士，而在商業中實際匯率是二先令七便士。再加上港元對上海元匯率上升了 40-50%，廣東於是放棄從香港進口，而從上海和日本進口。香港因此失去了對外貿易以及中國內地南北貿易的中介地位，導致貿易減少、股價低落。為重建香港經濟，英國遂於 1934 年成立貿易調查委員會和金融調查委員會。這點已於前述。

為配合南京政府於 1935 年改革幣制，香港也於 1936 年放棄銀本位制。在此之前香港發生罷工導致港粵關係惡劣，至 1931 年大致回復正常。1936 年，陳濟棠下台，蔣介石成功把廣東及廣西收歸中央，並親赴廣東省。當時的香港總督郝德傑爵士（Sir Andrew Caldecott）在 10 月往廣東訪問蔣介石。之後，廣東省主席黃慕松及廣州市市長曾養甫訪問香港以作答謝，當時受到在香港的英國財政界人士歡迎。廣東代表在致辭時對英國在幣制改革時的援助表示感謝。在香港的英國財經界人士也因為法幣流通穩定了幣制而對廣東和廣西產生投資興趣。後來宋子文與郝德傑會面，1937 年初英國大使與英國出口信用保證局的柯克帕特里克（Kirkpatrick）訪問香港和廣東，很多人都認為英國對華南，尤其是廣東省的貸款快將成事。

當時英國與中國之間正交涉的項目，包括鋪設海南島鐵路的貸款，
以及興建東沙島機場、西沙島石油貯藏地、華南礦產開發的貸款等。
另外，在香港的其他英國公司據聞在當時普遍也計劃在華南投資。
舉例說，廣東近郊的製鐵廠興建，以及為採購廣東汕頭鐵路建材的
信用貸款，都是很有前景的投資項目。其他的工程包括擴張及改良
廣東市水道而從英國公司[4]取得的 81,000 鎊工程合約，並以此借入
140 萬法幣的貸款。此外，通用電氣（General Electric）獲得廣東市鋪
設電車的 220 萬元合約。該市在第一期計劃內的所有機器及裝置均
全部從通用電氣購入，該公司將上述金額透過六年信用貸款形式借
予市政府。

此外，以團匪賠償金來開發中國鐵路的計劃，看起來也是英國
的獨腳戲。而計劃路線中與華南地區有頗多相關的情況也值得關注。
如前文提到 1936 年粵漢線的竣工便是一例。其他包括廣東與粵東梅
縣的連接線、將來計劃延伸到福建的廣東梅縣線和廣東黃埔線，還
有三水與廣西賀縣連接的三水賀縣線，以及現時湘桂鐵路的部分桂
林衡陽線等，其中都包含英國的投資。關於廣東梅縣線中方與英國

4　編者按，原文為日文拼音，音譯為 Marum。

簽訂的製造機器購買合約已經對外公佈，至於粵漢線株洲中央修繕
工廠的機器，南京政府已經和上海英商公司[5]簽訂了 2,500 萬元的合
約。這些計劃大部分由於中日事變而不了了之，但如果都能實現，
英國資本在華南的勢力將增加數倍，而香港能享受到的中心地位亦
不難想像。

在這個時期香港尤為引人注目的發展，是 1936 年在遠東航空方
面佔據的飛躍地位。首先在 1936 年 3 月，倫敦與新加坡之間的帝國
航空（Imperial Airways）定期航線延長至香港。10 月，汎美航空（Pan
American Airways）跨越太平洋的試驗飛行，成功安抵香港。11 月，
中國航空公司開展香港、廣東、上海之間的定期航班。航空路線也
隨着其後情勢的變化而更改。現時，香港保持了航空中心的地位。

5　編者按，原文為日文拼音，音譯為 Innis Riddle。

中國事變與香港

隨着南京政府對英美依賴日增，政府在滿洲事變後逐步傾向反日。反日被用作統一國內的旗幟。不單國民黨，共產黨及其他反國民黨勢力也紛紛利用反日作為標語。不管是透過實力或妥協，蔣介石還是希望一步步統一全中國。與此同時，中日的衝突越來越接近。1934 年成功攻佔江西、福建一帶的蘇維埃地區，1936 年 6 月進一步把廣東和廣西收歸中央，同年 12 月為了處理西北地區的舊東北軍政問題趕赴西安，最終觸發了所謂的「西安事變」。這個事變導致抗日統一戰線形成，而中日之間的戰爭遲早要發生，似乎無可避免。翌年 7 月發生的盧溝橋事變遂演變成導火線。

中日事變後，英國的遠東政策大體可分為三期：第一期是 1938年秋季漢口和廣東淪陷前；第二期是 1940 年 9 月日德意三國同盟結成前；第三期則是其後。但這時英國的態度是一貫援蔣抗日。在整個期間雖然英國的政策時而左搖右擺，有時甚至有轉換政策的跡象，但最終還是維持了反日政策、強化蔣介石政權兩方密切結合的方針。首先在第一期，不論在華的英國人以及蔣介石政權如何遊說，英國

儘量避免進行援蔣行動，以免破壞與日本妥協的可能性。當時英國
政府的態度，可以從拒絕承諾孫科（1938 年 4 月到達倫敦）的貸款要
求而清楚了解。從外務副官畢拿（R. A. Butler）回答英國下議院議員
摩根（B. H. Morgan）的答辯信中可以看到這個注腳。信件如是說：

　　政府會採取完成對中國援助計劃的各種可能手段──
包括維持香港的開放。在我國自身的軍備計劃裏，不可能
允許對任何一個國家進行大規模的武器出口。但是，對於
英國武器商答應來自中國的訂單，我們也沒有說明因為此
與政府事業相抵觸而勸他們停止。中國政府知道我們在很
多方面遭遇困難，並且知道只要他們想從民間獲得援助，
英國政府會儘可能辦到。

　　另外，關於使利益關係協同的各國達成協議，英國政
府對於包含中國與日本全部關係國一事，在獲得雙方首肯
的情況下，願意為解決事變和調停之事奔波勞碌。[6]

從這封書簡來看，當時政府不想以政府的名義來援助蔣介石，

6　*Finance and Commerce*, June 8 1938. Fleattman，引自頁 143-144。

而具體的援蔣手段不過是說維持香港開放罷了。當時歐洲的情勢是希特拉確立政權以後，德國開始破壞凡爾賽體制，1938 年 9 月以蘇台德地區問題為契機的歐洲危機，也在慕尼黑四國會議中和平解決。1936 年開始的西班牙內亂，在 1937 年、1938 年一直持續，至 1939 年 1 月以弗蘭克政府的勝利告終。在軸心國勢力不斷發展的情況下，英國只能勉力減輕在遠東的負擔。此外，因為美國作為承擔在遠東維持舊體制責任的另一方，在中日事變前兩個月的議會上通過了中立法案，而且還沒有進行積極干涉。正因如此，在中日事變時，英國的援蔣行動才有理由避免陷入不能自拔的境地。

另一方面，在事變之後，英國為了保障在中國的權益開始與日方交涉。1938 年夏天前，日英之間與事變有關的交涉增至 169 次，我國宇垣外相與英國駐日大使克萊琪（Sir Robert Craigie）於 7 月 20 日開始就揚子江外國船航行問題展開交涉，在 9 月 14 日之前已進行五次會談，至 9 月 30 日宇垣外相辭職而中斷交涉。然而，隨着事變擴大，我軍於 10 月 21 日佔領廣東、27 日佔領武漢，導致蔣政權逃往重慶。與此同時，事變的性質對歐美諸國來說也漸漸明朗化。11 月 3 日，近衛首相發表《東亞新秩序建設》宣言，22 日又發表《對華三原則》聲明。11 月 18 日，有田外相在回答美方時指出，在面對東

亞新形勢發展下，固執於舊條約規定並不能解決當前面對的問題，其實是暗示廢棄《九國公約》的門面説話。從這時開始，英美才明白事變正顛覆他們在東亞的既得利益，漸漸開始共同援助重慶政權。

英國至此轉而兀突地推行援蔣政策的同時，其遠東政策也進入了第二期。這個時期的第一個特徵是明確了英美法結成共同戰線。11 月 7 日，有田外相就任後最初的會面上，英、美、法三國大使都提出恢復在揚子江航行的事情。他們的公文內容一致，顯示三國已經提前商議好採取統一步調。第二個特徵是英國開始對中國提供原來不願意答應的貸款。英國出口信用保證局 12 月給予重慶政府 45 萬鎊信用貸款，協助他們從英國購入汽車。另外，關於雲南緬甸鐵路建設的 1,000 萬鎊貸款也於同年 12 月完成。

為對抗中國聯合準備銀行於 1939 年 3 月在華北實施的外匯集中制，英國財政部長西蒙開始支持法幣，並發表了設立 1,000 萬鎊中英外匯平衡資金的議案。其中香港上海滙豐銀行和渣打銀行提供 500 萬鎊，中方兩間銀行也湊出 500 萬鎊，為支持法幣匯率而欲賣出外匯。至此，英國直接分擔了維持法幣價值的責任，也牽涉進了法幣問題的泥潭。

　　即使在加強援蔣政策的情況下，日英以天津英租界引渡恐怖分子問題引發了爭端，最終導致我軍當局在 6 月斷然封鎖天津英租界，而英國則希望透過讓步來解決問題。其後有田與克萊琪在東京進行了關於一般原則問題的討論，當中英方應我方對於承認東亞新形勢的要求，同時承認在中國進行大規模戰爭的事實，並約定英國不會妨礙日本軍的生存和維持治安等行為。然而，在交涉細節時，卻出現了現行引渡的問題，而英國卻策劃以第三國作介入，於是談判實際上又面臨決裂。7 月底美國突然宣佈廢除《日美通商航海條約》。在英國於天津問題上讓步的同時，美國則表現出高調強硬的姿態。英美合作無間，一方面妥協以求維持權益，另一方面卻顯示會透過經濟制裁，牽制我國順利推進中國事變。

　　9 月，歐洲危機終於導致英德開戰。英國埋首歐洲戰局，已無力兼顧遠東。10 月，英國宣佈撤走揚子江艦隊。11 月，英法駐軍宣佈從華北撤走。1940 年 8 月，英國撤走殘留在天津和上海的駐軍，至此也撤走香港以北的英國駐軍。在對蔣援助中，不僅那些積極進行的新行動基本停止，連既定計劃也多被中止。雲南緬甸鐵路工程因為英國中斷材料入口而一時陷入停頓。但是英美合作則更加緊密，英國撤出遠東後以美國力量來代替。最顯著的例子是剛踏入 1940

年，英國減入對華貸款的同時美國卻突然增加貸款。對日政策中，英國不僅希望避免與日本紛爭，也希望極力阻止日本靠攏軸心國，這更顯示英國對日的妥協態度。1939 年 12 月，我軍當局宣佈開放揚子江，解除珠江航行禁令，英美雖然對開放程度表示不滿，但這些行動至少顯示英國對日靠近的希望增加。

1940 年 5、6 月，歐洲西部戰線崩潰，英國陷入十分危險的境地。英國願意對日本的要求再讓一步。7 月，日本要求截斷經過緬甸通道及香港通道的援蔣物資運送，英國遂答應由 7 月 15 日起停止經過緬甸通道運送武器、彈藥、拖拉機和石油三個月，同時禁止以上四種物資經由香港水陸兩路運送。

然而，英國最畏懼而一直想極力阻止的日德意三國同盟於 9 月成立。英國於是中止向日本妥協。在日本與法印達成共同防衛協定後，我軍進駐法印，並進迫泰國、荷印和馬來亞。英國的遠東政策被迫再次轉變，將一些主要線路的霸權讓予美國。美、英、荷印、重慶共同結成了對日陣營。英國犧牲華北和華中的權益，轉而與重慶政權緊密聯合。至此，英國最初希望維持遠東霸權的計劃落空了，而且再也不可能實施同時援助重慶政府和對日妥協的雙重政策。現

在重慶政府已不再是英國的從屬國，而變成了同盟國身份，英國也不得不把日本視為敵國。重慶政府可自詡為遠東民主陣營之柱石，也可公開宣稱獲得英美援助是其當然權利。

進入 1941 年後，遠東形勢急速向這個方向發展。3 月，美國國會通過了武器借予法案，建立對歐洲和遠東民主主義國家援助的姿態。4 月，英國遠東軍總司令官布魯克‧波彭大將 (Sir Brooke-Popham) 訪問馬尼拉，荷蘭外交部長范‧克萊芬斯 (Eelco van Kleffens) 在往荷印途中也停留馬尼拉，與駐菲律賓的美國軍政當局及美、英、荷印三國代表在馬尼拉召開會議，迅速商討關於遠東三國如何共同展開軍事措施的問題。在 7 月的商業危機下，重慶派遣軍事使節訪問馬尼拉，美、英、中三國在同月成立法幣穩定基金。7 月，我軍決定進駐南部法印時，英美突然趁機對日本實施經濟封鎖，荷印亦跟隨，中日資金被凍結。此時，美國相繼派遣勞克林‧居里 (Lauchlin Currie)、霍斯 (Manuel Fox)、格雷迪 (Henry Grady)、科克倫 (Merle Cochran)、馬格魯德 (John McGruder) 等經濟專家和軍事使節前往重慶，英國也派遣奧托‧尼梅爾爵士 (Sir Otto Niemeyer) 前往重慶和多弗‧柯柏 (A. Duff Cooper) 前往遠東，希望通過進行對日經濟戰與加強援助重慶，竭力保守遠東民主主義陣營的最後一

座堡壘。

　　現階段英美在發覺最終不得不放棄華北和上海的情況下，意圖
聯合重慶政權下的中國和菲律賓、馬來亞、緬甸、荷印。在這個計
劃中，香港與馬尼拉的聯合成了遠東 ABCD 聯盟在東北方的界線，
而香港立於最前端。香港在此情況下的貿易和金融變化已在前章闡
述。以下以時間順序，回顧中日事變下香港一般的變化情況。

　　中日事變首先給香港帶來了資金與移民。由於資金流入，香港
在戰時之景氣甚至曾被人謳歌。1938 年最初八個月，香港政府的收
入為 2,474 萬港元，比前一年同期增加 300 萬港元。由政府經營的廣
九鐵路在 1938 年度的收入為 1937 年度的三倍。這些反映經濟繁榮
的數據在各方面都有顯示出來。因移民湧入，香港人口從事變前約
980,000 人增加到 1939 年中約 1,500,000 人。當然分析移民的結構十
分困難。在這些增加的 500,000 至 600,000 名移民中，大部分為無家
可歸的街頭露宿者，但也有小部分是身家百萬、從中國各地移居香
港以保全財產的人，香港的財富因此驟增。1939 年 11 月，香港《大
公報》報道中國銀行的消息，指出香港有 500 名以上的百萬富翁，頗
為引人注意。文章推算擁有 1 億元以上資產的有 3 人，1,000 萬元以

上的有 30 人，100 萬元以上的有 500 人。富裕的移民主要包括上海和廣東的工商業家，他們在香港開展他們的新事業。1938 年以後，香港的華人工業增長一如前述。本來以上海為大本營的重慶政府的銀行，如中國、中央、交通、農民等各銀行從 1937 年起移至香港，其後各地移民也使香港人口暴增。1938 年秋季前，香港是僅餘可收容這些移民的安全地區。然而，隨着我軍佔領廣東，戰爭波及香港周邊各地，香港的安全水平也開始嚴重動搖。尤其於 1937 年 7 月，華北天津租界問題和華南鼓浪嶼租界問題，引起香港關注防衛軍備之事。而香港設置防衛本部、陸軍增強其中一個大隊、燈火管制等都開始實行。9 月，香港公佈對德宣戰，海軍關閉香港西邊水路，並且在各主要地區鋪設水雷。10 月，中山縣為我軍攻佔，從中山縣逃來的移民不斷流入香港，而香港同時也憂慮中山縣會斷絕魚類及蔬菜供應。11 月，香港報章報導有 44 輛坦克車抵達香港，主張增強防衛。然而，12 月我軍在華南當局聲明，解除珠江航行禁令，並撤走九龍邊境深圳寶安的部隊。因此，我國的東亞海運與太古公司所屬的日英兩國汽船可繼續在香港與廣東之間往來。在香港的英國人和華人雖然對恢復珠江貿易能帶來的經濟利益不寄厚望，但出於加強香港安全的考慮，他們還是歡迎這個聲明。

1940 年 6 月，香港開始面臨重重危機。當時政府突然下令撤走所有英國婦孺，3,000 名英國婦孺先被送到馬尼拉，再轉往澳洲。1939 年，一直在修築的要塞碉堡工程完全改變了香港的面貌，使香港全島遍佈炮壘。本土防衛突然開始活躍起來，在街市各主要位置都堆積了沙包，街頭巷尾的場所開展了開鑿防空洞的工程。這些建造防空洞和要塞的工程至今依然持續。1941 年後，沒有明確報道香港的軍備變化，但相信增添了數艘潛水艦及戰鬥機都應是事實。

戰時體制下的香港

自 1841 年香港被佔領至今百年後，這個小島再次被戰雲籠罩。到香港旅行的人很快就能感受到緊張氣氛：港口被帆桁和水雷區遮擋，上方山頂炮壘對準港外；海岸被鐵絲網圍住，島上的馬路到處都裝設了塗上迷彩顏色的堡壘據點，連民居內都可窺見偽裝的炮壘。不過，如果深入了解香港的市民生活，則發覺市民明顯對戰爭漠不關心。雖然市區內的防空洞對市民來說是一種無言威脅，但他

們對於戰爭或國際政局危機已感到麻木。1941 年秋季，有人已經為來年度的賽馬引進澳洲出產的小馬，拍賣會上的成交價已達到一頭 10,000 港元以上的天價。同樣，在娛樂消費方面，即使現在是非常時期，但酒樓每天營業，位於山上和海邊的別墅住宅依然在不斷興建。美國籍廣播時事評論員哈里森・福爾曼 (Harrison Forman) [7] 駐留香港時說：「香港人奉行鴕鳥主義，他們把頭埋在沙裏，告訴自己沒事」。他的評論引起香港人一時激憤，但他的評論也無不當。

以上是香港轉向戰時體制所面對的困難。英帝國在東亞地位告急，而香港當局也面臨着極大的問題。這從之前所述香港的歷史及其性格可理解一二。以下對戰時體制下香港面對的矛盾作一闡述及提供結論。

關於香港防衛的軍事問題不屬本書闡述範圍，但即使欠缺專業軍事知識的人也可以看出，香港作為英國海軍基地地位的變化。以往英國駐華艦隊以香港作為補給基地，以巡航華北、華中沿岸及揚子江。一直以來，在我們的設想中，一旦發生戰事，敵方艦隊從北

7　譯者按，原文為日文拼音，音譯 Harrison Forman。

面進攻，英國艦隊應該在香港的北面迎擊。然而，中日事變後，海南島已被我國佔領，而我們進駐南部法印後，可以說香港變成了四面被圍的孤城。英國艦隊因此不能再以香港作為基地。所以如戰事爆發，英國艦隊恐怕就會嘗試逃離香港。

但是，不管香港作為海軍基地有何價值，英國軍事當局在這個非常時期大概不會放棄香港。現在把香港變成要塞，其目的首先是基於認為強化軍備是避免戰爭之上策這個考慮；並且一旦戰事變得無可避免，佔據香港以背水一戰，也不致於使大英帝國的名譽受損。然而，此時在近海卻沒有配置有力的艦隊以防止海上的入侵者，海上範圍僅佈置了水雷和快速船隊，未能防止敵軍突襲。在空軍方面，1941 年雖然戰鬥機有所增強，然而能否獨自應對敵方的轟炸機，充分發揮抵抗功能卻成疑。雖然假設馬尼拉和新加坡的空軍能前來救援，但敵方的飛行基地畢竟距離太近，在危急時刻恐怕來不及。如此，則海上與空中能阻止外敵的能力非常薄弱，防衛香港就只能仰賴配置於全島的要塞炮壘。香港防衛軍有多少兵力現時沒有資料。1941 年 11 月，加拿大增援部隊抵港，雖然多少增強了防衛能力，但應該也沒有像事變前的巴多羅買[8]計劃那樣有顯著的增強。巴多羅買

8　譯者按，原文為日文拼音，音譯 Bartholomew。

計劃主張為了防衛香港而增加正規軍中六個大隊配置的志願軍,結果香港的防衛在一個月後失守。

　　香港現有的條件對於長期抗戰十分不利。這是由於香港人口過剩而且食物無法自給自足。香港總人口 1,590,000,其中英國人不過 7,900 人,華人則佔 1,420,000 人。英國軍事當局認為,應該選取一部分華人以補充防衛能力,於是在 1941 年 11 月即着手成立一個華人機關槍大隊。另外一個防空團隊已完成整編,其中大部分也是居於各地區的華人。然而,這些被動員的華人只屬極小部分,因為本來香港的防衛工作中動員華人並不在計劃之內。以華人的風俗習慣來統治華人是百年來的政策,造成華人對香港缺乏一種祖國或者鄉土的概念,因此也沒有養成保衛香港的觀念。對香港政府來說,這種政策以往雖然可以省掉負擔華人福利的責任,但結果卻導致在非常時候要鼓動華人的愛國心,要求他們拿起槍桿來保衛香港變得不可能。香港當局在這個非常時期前,迫切感到有必要處理過剩的人口,於是在 1941 年 1 月開始實施移民法,禁止沒有入境許可的華人移居香港。然而,現在香港既有人口已嚴重過剩,卻無法用移民法處理。因此,香港當局與重慶政府合作,儘力鼓勵華人歸國。重慶及韶關當局以「回國義民運動」這個華麗名字努力作出宣傳。不過,

重慶政府只想要技術勞工歸國以及資本回流，卻並沒有想過要改善移民的生活水平，因此這個運動的效果並不明顯。香港存在這些沒有利用價值、甚至有時會引發暴動的過剩人口，在受到包圍而被迫固守城池時，確實會構成危險。

與人口問題相關，而同樣成為防衛香港一大障礙的是食物問題。香港本身沒有生產種植的地方，在現時船隻不足的時候食物就成了一大煩惱。我軍進駐法印後，香港米價馬上飆升，廣州灣禁止家畜出口又令肉價暴漲，澳門的出口限制也使蔬菜價格騰飛，困難接踵而至。英德開戰後，當局對於重要食品實施許可制度，努力確保香港維持六個月的充分貯藏量。雖然現在尚能防止食物價格飆升，並緩和激化的社會問題，但一旦戰事爆發，食物配給的問題極有可能引起嚴重紛爭，難保華人民眾不會因食物短缺而引發暴動。再者，香港最大的缺點是食水問題。香港島的食水全部依靠收集於貯水池的雨水。九龍半島也只有極少口水井。如果貯水池受到炮擊而遭破壞，香港將面臨重大的食水危機。

以上闡述了戰火波及時防衛香港的問題。而在戰火未起時，不能忽視香港仍作為另一種戰爭基地，那就是經濟戰。香港當局應該

不會相信香港可以避開這種戰爭。然而，英國卻希望儘可能避免大動干戈，並在最大程度上利用香港作為經濟戰基地。因此，有必要從這個意義上分析香港作為經濟戰基地的優點和缺點。

香港在經濟戰中有兩種任務：第一是為宗主國英國爭取最多物資和資金；第二是作為封鎖敵國經濟的主要節點，阻止對敵物資和資金流動。而這兩種任務在時間上有先後之分。1939 年 9 月，歐洲戰爭爆發時，香港主要需要承擔第一種任務。然而，經由海參崴流出物資到德國的消息被揭發後，香港的第二種任務變得愈來愈重要。雖然也有像 1940 年春季扣留蘇聯汽船 *Sarengare*[9] 號的事件發生，但真正將香港捲入經濟封鎖戰漩渦的，是在 ABCD 陣營成立後，英美共同窒息日本經濟的政策。

對於第一個方面，英國政府在最終的白皮書中，對英國殖民地下達了如下指令：

一、減少入口。

9　譯者按，原文為日文拼音，音譯 Sarengare。

二、以外匯充當英鎊購買入口物資。

三、減少消費入口物資。

四、把所得稅率提高至與英國相同。

五，基於戰時的節約計劃，避免非緊急性開支。[10]

前章曾經闡述，1939 年下半年，香港的貿易和金融沿着這個方向加強管制，改革了稅制，並開始向英國捐款。在戰爭期間，英國為了整頓東洋、澳洲、南非的自治領地和殖民地的戰時經濟，於 1940 年 10 月在印度德里召開東方經濟會議。參加該會議的代表來自印度、澳洲、南非、東非、巴勒斯坦、錫蘭、馬來和香港。香港代表史洛士（D. J. Sloss）於 12 月 20 日的廣播中總結了該次會議的成果。會議中確認，應重視利用香港的工業生產力，尤其是造船業，以供應軍需品所需，除了英國之外，香港的新船建造能力在英國自治領地和殖民地中首屈一指。另外，在輕工業方面，印度的紡織業能作為生產軍需紡織品的補充，如橡膠工業等其他工業對軍需品生產也能作出貢獻。會議上還探討了各地的生產能力及消費狀況，結果發現這些東方諸國在區內能實現一定程度的自給自足，在某些情況下

10　根據 1941 年 8 月 7 日的英國無線電。

也能使區內其他英屬地不那麼依賴英本國。

　　但是，ABCD 聯盟開始對日經濟的封鎖後，香港的經濟條件就經歷了很大的變化。本來香港是作為戰時後方的經濟基地，並假設香港會繼續維持其中介港地位。1941 年 6 月，香港政府任命成立戰時經濟諮詢委員會，其諮詢的第一條是關於減少進口品消費的方法，並附上「惟在不阻礙中介貿易的範圍內」的條件。7 月，在封鎖中日資金前，香港當局還不太敢妄自更改其作為中介貿易港的大前提。然而，在封鎖中日資金後，對日本的貿易自不用提，與上海和華北的自由貿易也基本中斷。進口上海及日本絲被禁。1941 年秋季開始，香港的華人織造工廠紛紛陷入困境，又因為禁止從上海和日本進口化學藥品而導致大量橡膠工廠倒閉，甚至連造船業也因為原材料不足而減少生產時間或部分停產。那些不能從中國進口的物資則通過與英帝國區內的緊密連繫而獲得補給，另外重要軍事工業所需原材料獲優先配給，政府基本按照既定政策實施。

　　本來華人都按照自身習慣自由行動，如今實施管制被剝奪自由，使這些華人工商業家極度痛苦。在某程度上，尤其中斷與上海和華北的貿易關係，等於否定這些人的生存權利。最近香港報章經

常刊載有關走私或者違反管制規則的報導。這顯示了華人商人嘗試
突破管制措施。而且，香港面對的困難是，工商業很大程度上委於
華人之手，單靠英國公司之力而忽視華人工商業家根本行不通。例
如，供應白米的南北行就完全由華人貿易商掌控。自事變以來，香
港華人工商界的結構也起了相當的變化。事變之後，實力雄厚的浙
江財閥將大本營移至香港。這些實業家中，包括杜月笙、王曉籟、
林康侯、錢永銘、貝祖貽等也甚為有名。1941 年，虞洽卿也移居香
港。重慶政府的直營企業也在香港設置臨時辦事處及分店等，包括
中國茶葉公司、富華公司、中國植物油公司、中國信託公司等。其
他與重慶有關連的運輸公司和銀號等的代表處亦多設於香港。重慶
政府本應非常支持香港政府強化管制，並鼓勵這些團體與佔領地斷
交，然而事實卻不然。重慶的財政部對於最近香港華人工業埋首於
生產英國軍需品而忽略供應重慶政府的必需品頗感不悅。何況，本
來廣東的實業界或浙江財閥就不可能贊成香港政府放棄華中、華南
和華北。歸根究底，對日經濟封鎖對香港來說只代表退出中國，而
即使只是這一點，以香港現時的經濟機構來看，能否成功實行還屬
未知之數。